Demenz vorbeugen

mediterran essen

Erica Bänziger | Dr. med. Volker Schmiedel | PD Dr. med. Michael Nehls

Demenz vorbeugen

mediterran essen

FO NA

www.fona.ch

LEKTORAT Léonie Schmid

TEXTE Michael Nehls, Seiten 14–19

TEXTE Volker Schmiedel, Seiten 20–29

REZEPTE Erica Bänziger

FOODBILDER Andreas Thumm

GESTALTUNG FonaGrafik, Melanie Graser und Daniela Friedli

DRUCK Druckerei Uhl, Radolfzell

ISBN 978-3-03780-619-7

Inhaltsverzeichnis

Einleitung

14 **Entstehung, Ursachen und Prävention**
14 Die Alzheimer-Demenz
15 Alzheimer ist kein Schicksal
15 Der Mensch ist optimiert auf geistige Fitness im hohen Alter
15 Lebenslanges Wachstum des Erfahrungsschatzes
16 Das Gesetz des Minimums als Basis für Prävention und Therapie von Alzheimer
17 Gehirngesunde (r)evolutionäre Ernährung im Überblick
20 **Demenz und Nährstoffe**
20 Vitamin D schützt Knochen und Hirn
21 Praktische Tipps
22 B-Vitamine sind in der Demenzprävention wichtig
23 Mit Fisch der Demenz davonschwimmen?
25 Fazit: Nährstoffe für die Kognition
26 Fallbeispiel
27 Praktische Tipps
28 Vorbeugung von Demenz – unsere Empfehlungen

Frühstück/Smoothies

32 Spiegelei auf Frühlingszwiebeln
34 Frühstücksmüesli
36 Exotischer Fruchtsalat mit Chiasamen
38 Kokos-Mango-Lassi
40 Randen-Apfel-Smoothie mit Ingwer
42 Apfel-Stangensellerie-Petersilie-Smoothie

Antipasti

44 Mediterrane Antipasti
44 Bunt gefüllte Zucchiniröllchen
46 Marinierte Sardellen
46 Gefüllte Peperoni
48 Pilze im Ausbackteig
50 Weißkabis-Bruschetta
50 Nuss-Bruschetta
52 Artischocken
54 Lachs im zweifarbigen Chicorée
56 Avocado-Bohnen-Creme
56 Tapenade

Suppen

60 Mediterrane Fischsuppe
62 Linsensuppe mit Kokosmilch und Ingwer
64 Randensuppe russische Art
66 Schnelle Kürbissuppe
68 Zwiebelsuppe mit Rosmarin und Thymian

Salate

72 Gemüsecarpaccio mit Früchten
74 Portulak-Kabis-Salat mit Fenchel
76 Randensalat mit Räucherhering
78 Chicorée-Spinat-Salat mit Avocado und Granatapfelkernen
80 Tomaten-Avocado-Salat mit Oliven
82 Zucchino-Chicorée-Salat mit Kaki

Mahlzeiten

86 Pasta mit Pilzen und Salbei
88 Tomaten mit Spinatfüllung
90 Kürbis-Süßkartoffel-Püree
92 Cima di Rapa mit Thunfischsteak
94 Gefüllte Champignons
96 Gemüsegratin sizilianische Art
98 Linsen-Dhal mit Kürbis und Dörrtomaten
100 Pouletbrust mit Oliven-Pinienkern-Füllung
102 Forellenfilet mit Orangen und Zwiebeln
104 Artischocken mit Tomaten und Oliven
106 Pak Choi mit Krevettenspießchen
108 Lachs-Peperoni-Carpaccio
110 Toskanische weiße Bohnen
112 Kartoffel-Zwiebel-Pizza mit Rosmarin
114 Sojasprossen-Spinat-Pfanne mit Kokos-Lachs
116 Mediterrane Pouletspießchen
118 Ofengemüse mit aglio e olio e peperoncino
120 Linsen-Tomaten-Pfanne mit Spinat
122 Fischfilet mit weißen Bohnen und Tomaten
124 Buchweizenpuffer
126 Gemüsespießchen mit Buchweizen
128 Lauch-Zucchini-Gemüse mit Fleischspießchen

Desserts

132 Beeren in Gewürz-Rotwein
134 Nuss-Dattel-Truffes
Kokos-Truffes
136 Bratapfel

138 Register

140 Literaturverzeichnis

Menge

Wo nicht anders vermerkt, sind die Rezepte für 2 Personen berechnet.

Abkürzungen

EL = gestrichener Esslöffel
TL = gestrichener Teelöffel
dl = Deziliter
ml = Milliliter

Vorwort

Demenzerkrankungen nehmen auch wegen der Überalterung unserer Gesellschaft kontinuierlich zu. Ein Fachartikel aus dem Jahr 2012 prophezeite, dass sich bis ins Jahr 2050 die Zahl der Demenzkranken verdoppeln wird.

Die Demenz ist zum Schreckgespenst im Alter geworden. Die Vorstellung, verwirrt und nicht mehr klar im Kopf zu sein und seinen Angehörigen zur Last zu fallen, ist eine belastende und unschöne Vorstellung für jeden von uns.

Tatsache ist, dass man die Krankheit aus Sicht der Schulmedizin bis heute nicht heilen kann. Und das dürfte auch in Zukunft so bleiben. Alzheimer und Demenz sind wie viele andere Zivilisationskrankheiten auf einen falschen Lebensstil über Jahre und Jahrzehnte zurückzuführen. Ohne ein Umdenken und eine Neuorientierung wird man die Krankheit nicht heilen können.

Wie kommt es zur Demenz? Kann jeder selber etwas dagegen tun? Ja, man kann, und zwar sehr viel mit einem gesunden Lebensstil. Ich empfehle allen die Lektüre von «Die Alzheimer Lüge» des Mitautors Dr. Michael Nehls. Jeder sollte die Gesundheit in die eigene Hand nehmen.

Der Demenz kann man vorbeugen. Man weiß inzwischen, dass erste Veränderungen im Gehirn schon im frühen Erwachsenenalter oder sogar in der frühen Kindheit erkennbar sind, was darauf hinweist, dass die präklinische Phase einer Demenz sehr lange dauert. Eine gesunde Ernährung, genug Bewegung und genug Schlaf und geistige Aktivität sind beste Prävention und tragen nach heutigem Stand der Wissenschaft dazu bei, negative Veränderungen im Gehirn zu verhindern.

Dieses Buch ist in Zusammenarbeit mit ausgewiesenen Fachleuten entstanden. Dr. med. Volker Schmiedel habe ich als ganzheitlichen Arzt durch Publikationen in der Zeitschrift «Naturarzt» und durch sein Fachbuch über Nährstofftherapie kennengelernt. Ihm verdanke ich den Kontakt zu PD Dr. med. Michael Nehls, dessen Bücher zu «Alzheimer» in jüngster Zeit große Beachtung gefunden haben.

Erica Bänziger, Frühling 2017

Entstehung, Ursachen und Prävention

Bei einer Demenz kommt es zum fortschreitenden Abbau der geistigen und somit meistens auch der sozialen Fähigkeiten. Infolgedessen ist es Betroffenen ab einem bestimmten Zeitpunkt nicht mehr möglich, ihr Leben selbstständig zu meistern.

Man unterscheidet verschiedene Formen von Demenz. Mit 20 bis 25 Prozent aller Fälle ist die sogenannte vaskuläre (von den Blutgefäßen ausgehende) Demenz recht häufig. Sie wird meist durch Arteriosklerose und Schlaganfälle ausgelöst. In 60 bis 65 Prozent aller Fälle ist die Alzheimer-Erkrankung die derzeit am häufigsten vorkommende Form. Oft ist es jedoch eine Mischform der beiden Demenztypen. Das liegt daran, dass sie nahezu dieselben Ursachen haben und dass sich darüber hinaus die jeweiligen Krankheitsprozesse gegenseitig verstärken.[1]

Lange Zeit wurde uns von Experten versichert, dass an Alzheimer letztendlich jeder erkranke, der nur alt genug werde, und dass man sich vor dieser Krankheit so gut wie gar nicht schützen könne. Es wurde uns weisgemacht, dass nur zukünftige Medikamente uns retten können. Doch leider scheitern diese bisher reihenweise. Infolgedessen herrscht eine ohnmächtige Angst vor dem Älterwerden, zumal Betroffene nicht nur ihre Alltagskompetenz verlieren, sondern mit zunehmendem Verlust ihrer geistigen Fitness oft auch ihre Würde. Aber diese Angst ist nicht gerechtfertigt, denn eine wirkungsvolle Prävention vor den genannten häufigsten Formen der Demenz ist heute schon möglich.

Die Alzheimer-Demenz

In den frühen Stadien der Alzheimer-Krankheit fällt es Betroffenen zunehmend schwerer, sich Alltägliches zu merken. Dazu gehören Gespräche und Erlebnisse, aber auch die eigenen Gedanken. Dies führt uns zu den Hippocampi, zwei etwa daumengroß angelegten Strukturen tief im Inneren unseres Gehirns. Sie sind die Erinnerungszentrale für Erfahrungswissen, aber auch der Entstehungsort von Alzheimer. Anatomisch sehen sie aus wie Seepferdchen, daher ihr Name. Mit der zunehmenden Zerstörung der beiden Hippocampi verblassen auch frühere Erinnerungen. Im mittleren Stadium der Erkrankung kommt es darüber hinaus auch zu einem Abbau der geistigen und sozialen Fähigkeiten und damit zur eigentlichen Demenz. Das ist ein ernsthaftes Zeichen, dass der zerstörerische Krankheitsprozess, von den Hippocampi ausgehend, nun auch weitere Teile des Gehirns erreicht hat. Wir bezeichnen die Alzheimer-Krankheit wegen ihres Ursprungs als hippocampale Demenz (im weiteren Verlauf des Buches «Hippocampus» genannt). Da sich aufgrund der hohen Kompensationsfähigkeit unseres Gehirns der Krankheitsprozess oft über viele Jahrzehnte erstreckt, zeigen sich erste ernste Symptome typischerweise erst etwa ab dem 65. Lebensjahr. Genetische Veranlagungen können den Verlauf um Jahrzehnte beschleunigen, was allerdings sehr selten vorkommt.

Alzheimer ist kein Schicksal

Den stichhaltigsten Beweis dafür, dass man sich gegen Alzheimer effektiv schützen kann, liefern die ersten Therapieerfolge[2]. Dabei konnte bei Patienten der geistige Abbau, der bisher auch schon im Frühstadium der Krankheit für unaufhaltsam angesehen worden war, nicht nur gestoppt – was an sich schon eine Sensation gewesen wäre –, sondern sogar noch umgekehrt werden. Das langfristige Wiedergewinnen der Erinnerungsfähigkeit und der Alltagskompetenz gelang allerdings nicht durch einen neuen Wirkstoff. Das vermeintliche Wunder gelang vielmehr durch eine gezielte Änderung der bisherigen ungesunden Lebensweise hin zu einer «artgerechten», die unter anderem auch eine vitalstoffreiche Ernährung beinhaltet.

Solche Therapieerfolge durch Aktivierung der Selbstheilung sind nur möglich, weil unser Gehirn darauf ausgelegt ist, auch im höheren Alter seine Leistungsfähigkeit zu bewahren und gegebenenfalls auch wiederzuerlangen. Und wenn wir dieses natürliche Schutzprogamm nicht behindern, gelingt auch die Prävention. Um herauszufinden, worin eine gesunde beziehungsweise artgerechte Lebensweise besteht und weshalb sie uns vor Krankheiten wie Alzheimer bewahren kann, hilft ein Blick in unsere Entwicklungsgeschichte.

Der Mensch ist optimiert auf geistige Fitness im hohen Alter

Wesentlich für das Überleben und letztendlich die Dominanz unserer Spezies war die Entwicklung einer ganz besonderen Fähigkeit. Sie besteht darin, dass wir unser über das gesamte Leben gesammeltes Erfahrungswissen an die nächsten Generationen weitergeben können. Dies ist die Basis für soziale Kooperation, technologische Entwicklungen und nicht zuletzt für die gesamte menschliche Kultur. Nach dem Motto «Wissen ist Macht» gilt dabei die einfache Regel: je älter der Mensch, desto größer sein Erfahrungsschatz und umso größer die Überlebenschancen seiner Nachkommen. Der daraus resultierende Effekt wurde noch für die Zeit bis Anfang des 20. Jahrhunderts eindeutig nachgewiesen und ist als «Evolution der Großmutter» bekannt. Demzufolge bescherte jedes Jahrzehnt, das eine Großmutter nach den Wechseljahren lebte, ihr im Vergleich zu Familien, in denen die Großmutter früh verstarb, zwei Enkel mehr, die das Erwachsenenalter erreichten[3].

Eine Demenz im höheren Alter würde diese einzigartige, von der Evolution hervorgebrachte Fortpflanzungsstrategie unterlaufen, denn sie setzt schließlich auf Seniorität. Im Umkehrschluss bedeutet dies, dass wir ganz natürlich vor Krankheiten wie Alzheimer geschützt sein müssen (und vor anderen Zivilisationskrankheiten, die uns in vielen Fällen am Älterwerden hindern würden, hätten wir keine moderne Medizin). Tatsächlich war die Alzheimer-Demenz bis vor etwa 100 Jahren noch fast unbekannt. So beschrieb Alois Alzheimer im Jahr 1906 die später nach ihm benannte Krankheit als «eigenartig», denn nie zuvor hatte er oder seine Fachkollegen dergleichen gesehen[4]. Und noch über drei Jahrzehnte später, im Jahr 1938, wurde in einem medizinischen Lehrbuch eines führenden Hirnpathologen die Alzheimer-Krankheit nicht einmal erwähnt[5]. Dass schon zu jener Zeit viele Menschen das für Alzheimer typische Alter von über 65 Jahren erreichten, ist ein weiteres Indiz dafür, dass nicht das Älterwerden selbst Ursache für eine Demenz sein kann.

Lebenslanges Wachstum des Erfahrungsschatzes

Als Zentrale für das lebenslange Sammeln von Erfahrungswissen ist der Hippocampus mit einer einzigartigen Fähigkeit ausgestattet: Er wächst mit unseren Erinnerungen, und zwar bis ins höchste Alter. Dazu kann er täglich Tausende neuer Nervenzellen produzieren und dies – im Einklang mit der Evolution-der-Großmutter-These – beim 92-Jährigen noch genauso effizient wie beim 18-Jährigen[6]. Darauf nimmt unsere Lebensweise ganz entscheidend Einfluss. Beispielsweise signalisiert uns körperliche Aktivität, dass mehr Nervenzellen im Hippocampus gebraucht werden. Denn schließlich erwarteten in der langen Menschheitsgeschichte vor allem diejenigen neue Erfahrungen, die sich bewegten. Auch soziale Aktivitäten sind sehr wichtig, denn der Hippocampus merkt sich nur emotional bedeutsame Erlebnisse, und dafür sind die zwischenmenschlichen Beziehungen eine besonders reichhaltige Quelle. Darüber hinaus sind Tiefschlaf und somit eine gute Schlafhygiene unerlässlich für das Wachstum des Hippocampus. Denn unsere Gedächtniszentrale kann nur wachsen, wenn wir schlafen und sie keine Erfahrungen aufzeichnen muss. Da zur Bildung neuer Nervenzellen auch das richtige Baumaterial benötigt wird, ist eine hirngesunde Ernährung ebenso entscheidend.

Der Hippocampus ist also auf lebenslanges Wachstum ausgerichtet. Aufgrund unserer modernen Lebensweise schrumpft er jedoch mit dem Älterwerden, und zwar durchschnittlich um etwa ein Prozent pro Jahr. Unzählige Studien zeigen, dass das Alzheimer-Erkrankungsrisiko immer dann steigt, wenn durch Mängel in unserer Lebensweise die Produktion neuer Nervenzellen direkt oder indirekt behindert wird, und umgekehrt, dass es sinkt durch Maßnahmen, die eine produktive Nervenzellneubildung im Hippocampus anregen. Somit kann Alzheimer als Folge einer Störung des natürlichen Hippocampus-Wachstums verstanden werden. Tatsächlich ist die Größe des Hippocampus ein Maß für die Wahrscheinlichkeit, an Alzheimer zu erkranken oder davon verschont zu bleiben[7].

Damit wird das Hippocampus-Wachstum zu einem sehr empfindlichen Sensor dafür, was eine artgerechte Lebensweise ausmacht, die uns aber auch vor allen anderen Zivilisationskrankheiten schützt. Wie bei allen Wachstumsvorgängen in der Natur gilt dabei das Gesetz des Minimums. Es zeigt uns, wieso jeder einzelne Faktor von Bedeutung ist.

Das Gesetz des Minimums als Basis für Prävention und Therapie von Alzheimer

Der Agrarwissenschaftler Carl Sprengel formulierte 1828 das Gesetz des Minimums für Pflanzen. Es besagt, dass die jeweils knappste Ressource deren Wachstum limitiert. Fehlt einer Pflanze zum Gedeihen beispielsweise Wasser, so rettet sie weder ein Mehr an Dünger noch die Gabe eines Pflanzenschutzmittels. Auf das Hippocampus-Wachstum übertragen bedeutet dies, dass unser Gehirn nur gut «gedeihen» kann, wenn wir ihm alles geben, was es benötigt. Dies erklärt jedoch auch, weshalb Medikamente, die als «Hirnschutzmittel» angepriesen werden, kaum Wirkung zeigen: Sie können schlichtweg keinen Mangel ausgleichen, der durch eine ungesunde Lebensweise entstanden ist.

Das Gesetz des Minimums macht darüber hinaus deutlich, weshalb völlig unterschiedliche Mängel das individuelle Alzheimer-Risiko erhöhen können, indem sie letztendlich alle das Hippocampus-Wachstum direkt oder indirekt einschränken. So erklärt sich, warum ein Leistungssportler ebenso an Alzheimer erkranken kann wie ein Philosoph, eine Hausfrau oder ein Top-Manager. Deshalb muss in einer modernen Gesellschaft, in der eben alles Ursache sein kann (ein Mangel an Bewegung, an ausreichendem Schlaf, an sozialen Beziehungen und einem Lebenssinn auch im hohen Alter und nicht zuletzt an essentiellen Nahrungsbestandteilen und Mikronährstoffen), ein auf Einzelmaßnahmen beschränktes Denken in Prävention und Therapie aufgegeben werden.

Gehirngesunde (r)evolutionäre Ernährung im Überblick

Es gibt kein Vitamin und kein essentielles Spurenelement (wie zum Beispiel Magnesium, Selen, Zink, Lithium), für das nicht nachgewiesen wurde, dass ein Defizit das Hippocampus-Wachstum direkt oder indirekt beeinträchtigt[8]. Jeder Mangel erhöht das Alzheimer-Risiko, weshalb eine ausgewogene Ernährung so wichtig ist. Doch wenn wir jedem Menschen auf unserem Planeten eine ausreichende Versorgung ermöglichen wollen, muss ein Umdenken in globalem Ausmaß stattfinden. Wir brauchen eine (r)evolutionäre Ernährung. Dieser Begriff steht einerseits dafür, dass wir aufgrund unserer Entwicklungsgeschichte (Evolution) Bedürfnisse haben, die gestillt werden müssen, um ein Leben lang geistig gesund zu bleiben. Anderseits steht er auch für die Tatsache, dass eine Revolution in der Art unserer Ernährung nötig ist, damit sie für alle Menschen gewährleistet werden kann.

Beispielsweise wird zur Bildung neuer Nervenzellen ein besonderes Baumaterial benötigt, das, wenn es nicht ausreichend vorhanden ist, das Hippocampus-Wachstum beeinträchtigt. Hierbei handelt es sich um bioaktive Omega-3-Fettsäuren wie Docosahexaensäure (DHA) und Eicosapentaensäure (EPA), die vor allem in fettreichem Fisch enthalten sind. Da nach neuesten Erkenntnissen der vermeintliche Jäger und Sammler unserer Vorzeit eher Fischer und Sammler war, deckte er mit Fisch und Schalentieren aus Flüssen, Seen und marinen Quellen seinen hohen täglichen Bedarf von etwa 1 bis 2 Gramm bioaktiven Omega-3-Fettsäuren. Für ihn versiegte diese Nahrungsquelle nicht. Infolgedessen hat die Evolution unser Erbgut nie darauf vorbereitet, diese lebenswichtige, mehrfach ungesättigte Fettsäure selbst herzustellen (deshalb ist auch die Umwandlung von pflanzlichen Omega-3-Fettsäuren in bioaktives DHA mit etwa einem Prozent extrem ineffizient). Allerdings konnte die Evolution auch nicht vorhersehen, dass es einmal nahezu 8 Milliarden Menschen mit demselben individuellen Bedarf geben würde, der auf herkömmliche Weise nicht mehr zu decken ist. Die ökologische, ökonomische und sozialethische Lösung liegt in der Produktion und der täglichen Einnahme von Algenöl, das reich an DHA und EPA ist. Es muss daher Teil der (r)evolutionären Ernährung werden.

Ein ähnliches Problem gibt es beim Vitamin D, dessen häufiger Mangel das Alzheimer-Risiko erhöht. Zwar können wir Vitamin D in der Haut selbst synthetisieren, aber nur bei ausreichender Sonnenbestrahlung, daher nicht im Winter und schon gar nicht im höheren Norden. Für die Inuit ist Fisch die wesentliche Quelle für Vitamin D. In vielen Gegenden der Erde benötigen die Menschen jedoch eine Nahrungsergänzung, wollen sie ausreichend versorgt sein.

Als letztes Beispiel sei Vitamin B_{12} erwähnt. Ein Mangel führt zu einem Anstieg des sogenannten Homozysteins, welches die Blutgefäße angreift (es besteht u. a. die Gefahr einer vaskulären Demenz) und das Hippocampus-Wachstum unterdrückt (Gefahr für eine Alzheimer-Demenz). Bis vor kurzem konnte das Vitamin B_{12} nur mit tierischer Nahrung in ausreichender Menge zugeführt werden. Doch ist es ein gewaltiges Problem, die gesamte Weltbevölkerung auf diese Weise zu versorgen. Deshalb wird es auch hier sinnvoll sein, das Vitamin durch Mikroorganismen herzustellen und gegebenenfalls zu ergänzen; das gilt auch für jeden, der sich vorwiegend oder ausschließlich pflanzlich ernähren will.

Aber nicht nur individuelle Mängel belasten auf Dauer unser Gehirn, schränken das Hippocampus-Wachstum ein und erhöhen damit das Risiko, an Alzheimer oder an einem anderen chronischen Leiden zu erkranken. Auch ein Zuviel an Schadstoffen kann entsprechenden Schaden anrichten.

Beispielsweise war bis Mitte des letzten Jahrhunderts in Japan das Alzheimer-Erkrankungsrisiko sehr gering. Aber in nur etwa zwei Jahrzehnten stieg es bei den über 65-Jährigen um das Siebenfache auf das hohe Niveau in modernen Industrienationen[9]. Da sich in diesem kurzen Zeitraum die Altersstruktur nicht um einen so hohen Faktor verändert hatte, suchten die Forscher nach einer anderen Erklärung. Fündig wurden sie in den Lebensgewohnheiten der japanischen Gesellschaft, die sich durch die nach dem Zweiten Weltkrieg rasch voranschreitende Industrialisierung rapid von ihren traditionellen Gepflogenheiten verabschiedet hatte. Vor allem die Umstellung auf eine westliche Ernährung mit einem hohen Konsum an fettreichen Fleisch-/Wurstwaren und industriell verarbeiteten Nahrungsmitteln steht in engem Zusammenhang mit dem beobachteten steilen Anstieg des Alzheimer-Erkrankungsrisikos. Heute wissen wir, dass die westliche Ernährung auf vielfältige Weise für eine chronische Entzundung im Gehirn sorgt, die über mehrere Mechanismen das Wachstum des Hippocampus hemmt und damit auch den natürlichen Schutz vor Alzheimer verhindert. Drei Beispiele sollen das Problem deutlich machen:

- Omega-6-Fettsäuren sind wie Omega-3-Fettsäuren lebenswichtige Baustoffe für die Nervenzellen. Zudem sorgen sie für eine Aktivierung von Entzündungsreaktionen. Dabei wäre ein Verhältnis von 1:1 ideal, so wie es in unserem Gehirn zu finden ist. Doch unsere westliche Ernährungsweise, reich an tierischen Fetten und pflanzlichen Ölen wie Sonnenblumen-, Maiskeim- oder Distelöl, enthält viel zu viele Omega-6-Fettsäuren. Auf der andern Seite fehlen bioaktive Omega-3-Fettsäuren, die auf Entzündungsreaktionen hemmend einwirken. Die Folge ist ein großes Missverhältnis zwischen Omega-6- und Omega-3-Fettsäuren bis zu deutlich über 20:1. Dies führt zu einer chronischen Entzündung im Gehirn, die das Hippocampus-Wachstum unterdrückt.
- Werden pflanzliche Öle, die reich an mehrfach ungesättigten Fettsäuren sind, erhitzt, können sogenannte Transfettsäuren entstehen, auf die uns die Evolution überhaupt nicht vorbereitet hat. Transfettsäuren fördern die Entwicklung von Arteriosklerose (vaskuläre Demenz). Darüber hinaus hemmen sie den Transport von bioaktiven Omega-3-Fettsäuren ins Gehirn, wodurch sie als essentieller Baustoff für das Hippocampus-Wachstum nicht mehr zur Verfügung stehen (hippocampale Demenz). In der mediterranen Küche wird zum Braten Olivenöl extra vergine verwendet. Es besteht vorwiegend aus einfach ungesättigten Fettsäuren, die bei mäßiger Hitze (!) so gut wie keine Transfette bilden. Als Alternative zum Braten und Backen bietet sich auch natives Kokosöl an, auch wenn es nicht zur klassischen mediterranen Küche gehört. Es besteht zum Großteil aus gesättigten Fettsäuren, sodass so gut wie keine Gefahr besteht, dass beim Erhitzen Transfettsäuren entstehen. Der besondere Charme von Kokosöl liegt zudem darin, dass seine Fettsäuren vorwiegend zu sogenannten Ketonkörpern verstoffwechselt werden, die eine gute Energiequelle für den Hippocampus darstellen und zugleich sein Wachstum anregen (siehe unten).

Transfettsäuren finden sich auch häufig in Fertignahrung, weshalb es sinnvoll ist, selbst zu kochen. Dabei sollte man möglichst auf fettreiche Milchprodukte verzichten und sie durch Alternativen ersetzen (beispielsweise Butter durch Kokos- oder Olivenöl). Artfremdes Milchfett von Wiederkäuern enthält zwei bis acht Prozent Transfettsäuren und steht aufgrund der obengenannten schädlichen Mechanismen im Verdacht, das Alzheimer-Erkrankungsrisiko zu erhöhen[10]. (R)evolutionäre Alternativen zu artfremder Muttermilch sind Soja-, Nuss- oder Kokosmilch und daraus hergestellte Produkte.

❖ Die westliche Ernährung ist im Vergleich zur mediterranen reich an raffinierten Mehlen, zuckerhaltigen Limonaden und industriell veränderten Nahrungsmitteln. Diese führen zu hohen Zuckerwerten (Glucose beziehungsweise Traubenzucker) im Blut und in den Geweben, wo sie Entzündungen verursachen. Fructose (wie im Fructose- und Maissirup, aber auch im Agavendicksaft und in Fruchtsäften) und Galaktose (in Milchprodukten) sind dabei noch gefährlicher als Glucose. Der Zuckerkonsum sollte deutlich eingeschränkt oder besser noch ganz eingestellt werden.

Es ist daher kaum verwunderlich, dass eine mediterrane Ernährung mit einem hohen Anteil an Olivenöl, Gemüse, Früchten und Nüssen, relativ viel Fisch und wenig Milch- und Fleischprodukten das Gehirn im Vergleich zu unserer Ernährung um einige Jahre langsamer altern lässt[11]. Dieser Schutz ist insbesondere für die Regionen des Gehirns wichtig, die für eine Schädigung durch Alzheimer besonders empfindlich sind[12]. Auch für eine mediterrane Küche sollten die Lebensmittel wenn möglich aus biologischem Anbau stammen, da nahezu alle Pestizide das Hippocampus-Wachstum ebenfalls beeinträchtigen.

Interessanterweise ist es für das Wachstum des Hippocampus auch förderlich, periodisch nichts zu essen. Dazu genügt schon das nächtliche Fasten, das gerne auch bis in die frühen Morgenstunden dauern kann. Unsere steinzeitlichen Vorfahren hatten keinen Kühlschrank. Wenn sie etwas Frisches essen wollten, mussten sie erst einmal fischen und sammeln. Bis dahin wurde das Gehirn mit Energie aus den in den Fettdepots freigesetzten langkettigen Fettsäuren versorgt, die in der Leber zu gehirngängigen Ketonkörpern verarbeitet wurden (wie die Fettsäuren des Kokosöls). Ketonkörper regten aber auch das Wachstum des Hippocampus und die Regeneration aller älteren Nervenzellen an, um so das Gehirn insgesamt bei der Nahrungssuche leistungsfähiger zu machen. Und dieser Mechanismus ist uns bis heute erhalten geblieben. Daher empfiehlt es sich, nicht zu spät zu Abend zu essen und zum Frühstück gelegentlich nur einen Kaffee oder einen Tee zu trinken, falls der Magen direkt nach dem Aufstehen noch nicht knurrt. Je länger das nächtliche Fasten dauert, umso mehr tun wir es unseren prähistorischen Vorfahren gleich, für deren Lebensweise unser Gehirn optimiert ist.

Ein grundlegendes Umdenken ist unerlässlich für eine effektive Vorbeugung. Interessanterweise akzeptieren wir ohne weiteres, dass Lebewesen artgerecht gehalten werden müssen, um gesund zu bleiben. Dabei wird durch die individuelle Entwicklungsgeschichte bestimmt, was ein Tier oder eine Pflanze benötigt. Im Grunde ist dies auch mit den Vorgaben von Fahrzeugbauern vergleichbar, die bestimmen, welchen Treibstoff ein Auto benötigt, damit es (lange) fährt. Niemand würde einen Benziner mit Diesel betanken. Nur bei uns wenden wir diese an sich einfache Regel nicht an. Wir glauben vielmehr, dass Gesundheit im Alter reine Glückssache beziehungsweise Krankheit für die meisten von uns einfach Schicksal ist. Doch dies ist ein Irrglaube, oft gepaart mit dem Glauben an die Allmacht der modernen Medizin.

Darüber hinaus wird ein präventiver Lebensstil meist mit Verzicht und Askese gleichgesetzt. Das hält viele davon ab, gesund zu leben, selbst wenn sie eigentlich davon überzeugt sind, dass es sinnvoll wäre. Dass es nicht um Entbehrungen geht, sondern vielmehr darum, unserem Organismus auf vielfältige und nicht zuletzt geschmackvolle Weise all das zu geben, was er braucht, beweist nicht zuletzt dieses Buch voll leckerer, gehirngesunder Rezepte.

Demenz und Nährstoffe

Es gibt überzeugende Hinweise aus der modernen Wissenschaftsforschung, dass bestimmte Lebensmittel aufgrund ihrer Inhaltsstoffe vor Demenz schützen. Eines der interessantesten Lebensmittel in diesem Zusammenhang sind fette Meerfische, die reich an Vitamin D und Omega-3-Fettsäuren sind. Nun kann man aber nicht jeden Tag Fisch essen. Manche mögen ihn auch gar nicht. Wird man früher dement, wenn man wenig oder gar keinen Fisch isst?

Nein, denn zum Glück können wir die wichtigen maritimen Omega-3-Fettsäuren auch in isolierter Form als Kapsel oder als reines Fischöl beziehungsweise Algenöl (Veganer) einnehmen. Vitamin D gibt es als Tabletten, Kapseln und Tropfen.

B-Vitamine – besonders Folsäure, Vitamin B_6 und Vitamin B_{12} – schützen nachweislich auch vor Demenz. Einerseits sind alle diese Vitamine für den Nervenstoffwechsel von essentieller (lebenswichtiger) Bedeutung, andererseits senken sie das für die Gefäße und die Nerven schädliche Homocystein.

Es ist allgemein bekannt, dass Vitamin D für die Knochen wichtig ist. Dass es aber auch unsere grauen Zellen schützt, überrascht doch ein wenig. Eine Untersuchung aus dem Jahre 2015 stellte eindeutig einen Zusammenhang zwischen dem Vitamin-D-Status und der Häufigkeit von Demenz fest. Menschen mit einem Vitamin-D-Mangel (unter 50 nmol/l, das sind im Sommer 50 %, im Winter 90 % der Bevölkerung) haben ein etwa 60 % höheres Risiko für alle Formen von Demenz und ein etwa 20 % höheres Risiko für Alzheimer.

Vitamin D schützt Knochen und Hirn

Vitamin D

Bedeutung: Schutz vor Rachitis und Osteoporose, Stärkung des Immunsystems, Vorbeugung gegen Krebs, Herzinfarkt, Autoimmunkrankheiten (z. B. Rheuma, Asthma, Neurodermitis), Demenz
Vorkommen: Meerfisch und alle tierischen Produkte (allerdings in geringen Mengen), Pilze, Avocado, Bildung in der Haut bei genügender Sonnenexposition
Empfohlene Menge: 1000–4000 IE (über 65 Jahren 800 IE) täglich
Therapeutische Menge: 1000–4000 IE (teilweise noch mehr) täglich

Risikogruppen

- Veganer (wegen dem Verzicht auf Fisch und Ei)
- Ältere Menschen (verminderte Resorption im Darm, wenig Sonneneinstrahlung auf die Haut)
- Menschen, welche die Sonne meiden
- Patienten mit Fettverdauungsstörungen (verminderte Resorption)
- Menschen mit dunkler Haut (auch mediterrane Typen) in unseren Breiten

Praktische Tipps

- Vitamin-D-Spiegel messen lassen: Ein Wert unter 50 nmol/l (unter 20 ng/ml; Labore messen leider mit unterschiedlichen Dimensionen – also immer genau hinschauen!) deutet auf einen Mangel hin, ein Wert von 100–150 nmol/l beziehungsweise 40–60 ng/ml scheint optimal zu sein.
- Die Sonne nicht meiden! Und vor dem «Sonnenbaden» keinesfalls Sonnencreme auftragen. Ab Lichtschutzfaktor 12 wird praktisch kein Vitamin D mehr gebildet. Auch viele Hautschutzcremes enthalten ohne Deklaration einen Lichtschutzfaktor zwischen 2 und 4. Vitamin D wird nur gebildet, wenn die Sonne in einem Winkel von mindestens 45° am Himmel steht, d. h., der menschliche Schatten muss kürzer als der Körper sein. Das ist im Mai und September ganz kurz vor und nach 12 Uhr mittags der Fall, im Hochsommer nur einige Stunden und von Oktober bis April praktisch gar nicht. Selbstverständlich sollten Sie keinen Sonnenbrand bekommen. Der ist auf jeden Fall schlecht. Also nicht übertreiben und die Sonne mit Maß genießen beziehungsweise sich rechtzeitig eincremen, dass bestimmt kein Sonnenbrand entsteht.
- Um die von Ernährungsgesellschaften empfohlene Menge von 800 IE zu erhalten, müsste man 400 g Meerfisch oder 20 Eier oder 20 Liter Vollmilch oder 10 kg Kalbsleber oder 10 kg Brie oder 1 kg Shiitake-Pilze verzehren – und dies jeden Tag.
- Um die für einen optimalen Spiegel notwendige Menge zu erreichen, benötigen die meisten Menschen ein Mehrfaches davon. Das ist ohne die Einnahme von Nahrungsergänzungsmitteln praktisch nicht möglich.
- Am besten sucht man einen Therapeuten, der sich mit dem Vitamin D gut auskennt, die Werte misst und die Dosis anpasst, bis man optimale Werte erreicht hat.

B-Vitamine sind in der Demenzprävention wichtig

Die nicht eiweißbildende Aminosäure Homocystein steht seit langem im Verdacht, arteriosklerotische Erkrankungen wie Herzinfarkt und Apoplex zu begünstigen. Mittlerweile gibt es jedoch auch Hinweise, dass die Entwicklung einer Demenz aufgehalten oder zumindest verzögert werden kann, wenn das Homocystein gesenkt wird.

Homocystein

Den Spiegel messen, wenn man von Demenz betroffen oder gefährdet ist, dement zu werden.

- optimal kleiner als 10 µg/l
- leichte Erhöhung 10–12 µg/l
- mäßige Erhöhung 12–15 µg/l
- deutliche Erhöhung, größer als 15 µg/l

In einer wissenschaftlichen Studie wurde der Homocysteinspiegel im Blut bei Demenzkranken und bei gesunden Personen gemessen. Der Durchschnitt bei Demenzkranken lag bei etwa 17 und bei Gesunden nur bei etwa 13 µg/l. Bei einem Spiegel von über 15 µg/l war das Risiko, an Demenz zu erkranken, um mehr als das Fünffache erhöht.

Wer ist gefährdet? Es gibt einige genetische Faktoren, die zu einem hohen Homocysteinspiegel führen können, ebenso das Rauchen und ein hoher Alkohol- und Koffeinkonsum. Auch Medikamente wie die «Pille» sowie Diabetes- und Rheumamittel können den Spiegel erhöhen.

Fleisch-Vielesser haben häufig hohe Werte, weil Fleisch reich an der Homocysteinvorstufe Methionin ist. Auch Vegetarier haben einen höheren Spiegel als Normalköstler, da sie nur grenzwertig gut mit Vitamin B_{12} versorgt werden. Am schlechtesten schneiden konsequente Vegetarier ab. Sie entwickeln über die Jahre einen gravierenden Vitamin-B_{12}-Mangel, wenn sie das Vitamin nicht anderweitig zuführen.

In einer Studie erhielten ältere Versuchspersonen eine hoch dosierte Kombination aus Folsäure, Vitamin B_6 und B_{12}. Zu Beginn der Studie und nach zwei Jahren wurde mittels MRI der in diesem Zeitraum entstandene Hirnabbau gemessen. Mit der Vitamin-B-Medikation wurde die Hirnatrophie (Hirnschwund) immerhin um 40 % vermindert. Vor der Studie wurde auch der Omega-3-Spiegel im Blut gemessen, der aber nicht therapiert wurde. Es stellte sich aber heraus, dass die Verminderung der Hirnatrophie nur bei denjenigen zu beobachten war, welche die B-Vitamine erhielten und gleichzeitig einen guten Omega-3-Spiegel aufwiesen. Wir sehen also, dass die Demenz komplex ist und es, wie es das Gesetz des Minimums verlangt, wenig Sinn macht, nur einen Faktor zu verändern.

Folsäure

Bedeutung: Wichtig für alle Wachstumsprozesse, die Zellteilung und die Blutbildung. In der Schwangerschaft schützt sie den Fötus vor der häufigsten Missbildung (Neuralrohrdefekt oder «offener Rücken») und einer Homocysteinsenkung.
Vorkommen: Folsäure kommt von lat. folium = Blatt. Alle grünen Gemüse und Salate, besonders Spinat, sind reich an Folsäure. Vollkornprodukte haben doppelt so viel Folsäure wie Weißmehlprodukte, eine gute Bilanz haben auch Hülsenfrüchte, Leber und Eier. Durch den Kochprozess wird ein großer Teil der Folsäure zerstört.
Empfohlene Zufuhr: 0,4 mg (Schwangere, Stillende 0,6 mg)
Therapeutische Zufuhr: 0,4–5 mg (je nach Homocysteinspiegel)

Risikogruppen

- ältere Menschen
- Schwangere, Stillende
- Menschen mit der Darmerkrankung Morbus Crohn
- Frauen, welche die «Pille» einnehmen
- Menschen mit einem hohen Konsum von Alkohol, Kaffee und/oder Nikotin

Vitamin B_{12}

Bedeutung: Das Vitamin ist für alle Wachstumsprozesse, für die Zellteilung und für die Blutbildung wichtig. Es ist eines der wichtigsten Nervenvitamine. Ein voller Speicher reicht für mehrere Jahre, deshalb bleibt ein Mangel auch lange Zeit unbemerkt. Für die Aufnahme benötigt das Vitamin B_{12} den im Magen gebildeten «intrinsic factor», der es bindet und dessen Aufnahme im Endteil des Dünndarms ermöglicht.
Vorkommen: Nur in tierischen Produkten, besonders in Leber, Mikroorganismen und Algen (bilden auch Vitamin B_{12}; inwieweit dies aber vom Menschen genutzt werden kann, wird kontrovers diskutiert)
Empfohlene Zufuhr: 2–3 µg
Therapeutische Zufuhr: 3–1000 µg

Risikogruppen

- Menschen mit einer Magenerkrankung (atrophische Gastritis)
- Menschen mit einer Störung im Endteil des Dünndarms (z. B. nach einer operativen Entfernung von einem Teil des Darms, nach Bestrahlung des rechten Unterbauchs oder bei Morbus Crohn im betroffenen Darmteil)
- Menschen mit der Darmerkrankung Morbus Crohn
- Vegetarier und Veganer
- Menschen, die Magenschutzpräparate einnehmen (z. B. Omeprazol, Pantoprazol)

Mit Fisch der Demenz davonschwimmen?

Mit der Studie auf Seite 22 sind wir schon beim Fisch angelangt. In einer weiteren Studie mit mehreren Hundert gesunden Versuchspersonen wurde ein Schädel-MRI (Magnetresonanztomographie) durchgeführt. Anhand eines Ernährungsfragebogens wurde der Fischkonsum mit den Messergebnissen der MRI verglichen. Dabei wurde eine positive statistische Beziehung zwischen Fischkonsum und der grauen Hirnsubstanz im Hippocampus festgestellt, der als eine wichtige Schaltzentrale für Gedächtnisfunktionen angesehen wird. Je höher der Fischkonsum war, desto größer war auch die Masse der grauen Zellen.

Die Substanz ist wichtig, sie lässt aber noch auf keine Funktion schließen. Ob bei guter Omega-3-Versorgung auch Demenz vermieden werden kann, wurde in einer Studie an Altersheimbewohnern überprüft. Die Probanden wurden bezüglich ihrer DHA-Zufuhr (aus Ernährungsfragebogen ermittelt) und ihrem DHA-Spiegel im Blut in drei gleich große Gruppen mit guter, mittlerer und schlechter Versorgung eingeteilt. DHA (Docosahexaensäure) ist eine Omega-3-Fettsäure, die nur in Meeresprodukten vorkommt (z. B. Fisch, Algen). Unter den Teilnehmern waren einige Menschen mit Demenz, wovon einige mit Alzheimer. Bei der Berechnung des relativen Risikos zwischen niedrigstem und höchstem Drittel wurden folgende Werte errechnet: Bei hohem DHA-Spiegel im Blut lag das relative Risiko für Demenz bei 0,35 und für Alzheimer bei 0,40. Ein guter DHA-Spiegel bedeutete also eine Minderung des Risikos um mehr als die Hälfte bis fast zwei Drittel. Bei DHA-Zufuhr mit der Nahrung lag das Risiko sogar nur bei 0,27 für Demenz und bei 0,28 für Alzheimer. Ein hoher DHA-Konsum kann also das Risiko um nahezu drei Viertel vermindern.

In einer prospektiven Studie mit fast 1000 gesunden Probanden mit einem Durchschnittsalter von 76 Jahren beobachteten die Forscher, dass innerhalb von 9 Jahren fast 100 Teilnehmer dement wurden, etwa 70 davon litten an Alzheimer. Die Probanden wurden anhand ihres DHA-Plasmaspiegels in vier Gruppen eingeteilt. In der Gruppe mit dem höchsten DHA-Wert halbierte sich das Alzheimer-Risiko nahezu. Der durchschnittliche Konsum wurde mit 0,18 g DHA täglich berechnet. Dies entspricht drei großen Portionen fettem Meerfisch (600 g) in der Woche oder 1 TL Fischöl oder 6 konventionellen Fischölkapseln (500 mg je Kapsel) täglich. So viel müsste es also schon sein, um wenigstens eine Halbierung des Risikos zu erzielen. Bei Vorliegen einer beginnenden Demenz oder einem hohen Risiko empfiehlt sich immer die doppelte Dosis, also praktisch eine Portion Fisch oder 1 EL Fischöl oder 12 konventionelle Fischölkapseln täglich.

Wir wissen, dass Amyloide im Gehirn ein entscheidender Faktor bei der Entwicklung von Alzheimer sind. Die Rede ist von klumpenförmigen Eiweißablagerungen im Gehirn von Alzheimerpatienten, die erstmals der Frankfurter Nervenarzt und Namensgeber für die Krankheit, Dr. Alois Alzheimer, vor mehr als hundert Jahren entdeckt hat. Wenn es gelingen würde, deren Entstehung zu vermindern, hätten wir vermutlich ein wichtiges Instrument gegen Alzheimer in der Hand. Untersuchungen am Gehirn von Menschen verbieten sich aus ethischen Gründen, weshalb Forscher in einem Tierexperiment Mäusen unterschiedliche Diäten fütterten. Die Mäuse erhielten Futter mit verschiedenen Ölen. Jene mit der Omega-3-Fettsäure DHA hatten nach 3 und 6 Monaten nur halb so viele Amyloide wie die anderen Mäuse. Gab man diesen Mäusen aber noch Arachidonsäure – diese Omega-6-Fettsäure kommt in allen tierischen Fetten vor –, war der Schutzeffekt von DHA aufgehoben. Omega-3-Fettsäuren schützten in diesem Tierversuch also vor Alzheimer – aber nur, wenn nicht viele tierische Fette verzehrt wurden. Eine Omega-3-reiche Ernährung (Fisch und/oder Omega-3-Präparate) scheint also am besten zu wirken, wenn wir uns gleichzeitig fleischarm ernähren.

Ich habe im Studium noch gelernt, dass Hirnzellen sich nach der Geburt nicht mehr teilen oder regenerieren können. In den letzten Jahren fand jedoch ein Paradigmenwechsel statt. Wir wissen heute, dass Neuroplastizität, also die Neubildung und Regeneration von Nerven- und Gehirnzellen, bis kurz vor dem Tode möglich ist. Der vor kurzem entdeckte Faktor BDNF (Brain Derived Neurotrophic Factor) scheint hier eine große Bedeutung zu haben. In einer kleinen Studie wurde untersucht, ob Omega-3-Fettsäuren nicht nur über ihre antientzündliche Wirkung Zellen schützen, sondern über BDNF auch die Neuroplastizität fördern können. 11 Versuchspersonen erhielten während 12 Wochen 1500 mg Omega-3-Fettsäuren aus Fisch. Bei 2 Versuchspersonen stieg der Spiegel von BDNF nicht, bei den anderen aber um etwa das Doppelte. 1500 mg entsprechen einer Menge von knapp 1 EL Fischöl. Nebenbei: BDNF wird durch körperliche Ausdauerbewegung, Fasten und Curcumin (Gelbwurz) ebenfalls gesteigert. All diesen Faktoren attestiert man schon seit langem, Demenz zu verhindern beziehungsweise zu verzögern. Jetzt wissen wir auch, weshalb.

Omega-3-Fettsäuren

Bedeutung: Wichtig zur Entzündungshemmung (Schutz vor Autoimmunkrankheiten wie Rheuma, Asthma, Neurodermitis), zur Blutdruckregulation, zur Krebsvorbeugung, zum Erhalt von Sehkraft, Herzfunktion und geistigen Fähigkeiten
Vorkommen: Die für das Gehirn wichtige Omega-3-Fettsäure DHA kommt nur in Fisch, Algen und anderen Meeresprodukten vor, die pflanzliche Omega-3-Fettsäure Alpha-Linolensäure wird praktisch nicht in DHA umgewandelt (unter 1 %)
Empfohlene Zufuhr: 2 g Omega-3-Fettsäuren (EPA und/oder DHA) täglich
Therapeutische Zufuhr: Je nach Ernährung und Körpergewicht 1–4 g (EPA und/oder DHA) täglich

Problemgruppen

- Menschen mit geringem Fischkonsum
- Vegetarier, außer Pesco-Vegetarier (Vegetarier, die auch Fisch essen)
- Menschen mit den oben genannten Krankheiten oder Risiken

Zum Schluss noch eine besonders interessante Studie, weil sie uns (vermutlich) noch nicht Demente betrifft. Fast 500 gesunde Menschen über 55 Jahre erhielten 24 Wochen lang 900 mg DHA oder ein Placebo. Vor und nach Einnahme wurden Gehirnleistungsteste durchgeführt. Die DHA-Empfänger machten nachher signifikant weniger Fehler und die Gedächtnisleistung war signifikant besser. Die Forscher errechneten, dass ihre mentalen Fähigkeiten sich so stark verbessert hatten und mit denen von drei Jahre jüngeren Menschen vergleichbar waren. Wenn das nichts ist! Andere Studien, die wir aus Platzgründen nicht erwähnen können, haben gezeigt, dass bei kleinen kognitiven Defiziten durchaus noch Verbesserungen zu erzielen sind, nicht aber wenn eine fortgeschrittene Alzheimerdemenz vorliegt.

Fazit: Nährstoffe für die Kognition

B-Vitamine schützen vor Demenz, weil jeder Mangel nach dem Minimumgesetz das Gehirn schädigt. So senken beispielsweise B_6, B_9 und B_{12} das hirntoxische Homocystein. Gefährdete oder betroffene Personen erhalten so viele B-Vitamine, dass ein optimaler Homocysteinspiegel unter 10 µg/l erreicht wird. Fleischliebende Menschen benötigen dafür eher Folsäure, Vegetarier und Veganer sowie ältere Menschen (verminderte B_{12}-Resorption im Darm) benötigen eher Vitamin B_{12}.

Ein defizitärer Vitamin D-Spiegel ist nicht nur, aber auch wegen der deutlich erhöhten Gefahr von Demenz zu vermeiden. Es ist noch unklar, ob Spiegel über 50 oder über 100 nmol/l optimal sind. Es ist ein Spiegel von 100–150 nmol/l anzustreben. Dafür sind meist 2000–6000 IE erforderlich. Auch hier sind die Werte spiegelkontrolliert nach oben zu titrieren.

Aufgrund der erwähnten Studien scheint eine großzügige Zufuhr von Omega-3-Fettsäuren zur Vorbeugung von Demenz sinnvoll zu sein. Heute kann man mit einer Fettsäureanalyse (machen bis jetzt nur wenige darauf spezialisierte Ärzte, Heilpraktiker, Apotheker und Ernährungsberater) den Status des Patienten einfach und zuverlässig messen. Hier ist ein AA/EPA-Quotient von unter 2,5 anzustreben. Die meisten Menschen, die pro Woche eine Portion Fisch essen, haben einen Quotienten von ca. 10. Menschen, die viel Fleisch oder viel weniger Fisch essen, haben teilweise Werte von 15, 20 oder mehr. «Rekordhalter» waren eine junge Frau mit einem Quotienten von 71 (und schwerem Rheuma) und ein junger Mann mit einem Quotienten von 97 (und einer schweren psychischen Erkrankung). Beide hatten seit ihrer Kindheit aus Abneigung keinen Fisch und keine

Meeresfrüchte gegessen. Um einen Quotienten unter 2,5 zu erreichen, müssen die meisten etwa 15 konventionelle Fischölkapseln oder 1 EL eines qualitativ guten Fischöls (schmeckt und riecht nicht nach Fisch) täglich konsumieren. Bei fleischreicher oder sehr fischarmer Ernährung oder bei Übergewicht können dafür aber auch 1½ oder 2 EL erforderlich sein.

Alle oben beschriebenen Faktoren führen etwa zu einer Halbierung des Demenzrisikos. Was hindert uns daran, B-Vitamine, Vitamin D und Omega-3-Fettsäuren zu kombinieren – und darüber hinaus noch regelmäßig Sport zu treiben, mit viel Kurkuma zu würzen und ab und zu einmal zu fasten? In ersten Therapiestudien gewannen Alzheimer-Patienten im Frühstadium durch diese Kombinatorik der Maßnahmen, bei denen die individuellen Mängel behoben wurden, mit ihrer Erinnerungsfähigkeit auch ihre Alltagskompetenz zurück (Literatur: «Alzheimer ist heilbar»). Dies ist ein Zeichen dafür, dass wenn entsprechend dem Minimumgesetz alle notwendigen Maßnahmen durchgeführt werden, diese sich gegenseitig verstärken.

Fallbeispiel

Ein Gymnasiallehrer (60 Jahre) erhielt eines Tages von seinen Schülern einen Brief, worin die Schüler ihm ihre Sympathie bekundeten. Gleichzeitig beklagten sie sich, dass er neulich dreimal hintereinander die gleiche Lektion erteilt habe. Der Lehrer war sehr erschrocken und sprach seine Kollegen darauf an, die ihm bestätigten, dass sie schon lange den Verdacht hegten, er könnte an Demenz leiden. Der Arzt bestätigte darauf die Diagnose und der Lehrer wurde frühpensioniert.

Ein ganzheitlich arbeitender Kollege fand im Blut des Betroffenen ein erschreckend großes Defizit der Vitamine B_{12} und D sowie der Omega-3-Fettsäuren. Nach einer großzügigen Zufuhr der fehlenden Stoffe klarte der Verstand des Lehrers wieder auf. Er selbst und seine Umgebung waren der Meinung, dass seine geistige Leistungsfähigkeit wieder voll hergestellt sei. Daraufhin beantragte er die Wiederaufnahme in den Schuldienst. Da hatte er aber nicht mit dem deutschen Amtsschimmel gerechnet. Da eine schwere Demenz unheilbar sei und diese bei ihm zweifelsfrei diagnostiziert worden war, könne er nicht zurückkehren. So war er gezwungen, gegen den Freistaat Bayern zu klagen. Dank eines eindeutigen Gutachtens einer Neuro-Psychologin, die zahlreiche Untersuchungen und Tests durchführte, lenkte die Behörde ein und er konnte in die Schule zurückkehren – sogar als stellvertretender Direktor.

Anmerkung: Im Falle des Lehrers weisen die Gedächtnisstörungen auf eine gestörte Leistung des Hippocampus hin. Vermutlich kam es aufgrund eines massiven Vitalstoffmangels zu einer kompletten Hemmung der Nervenzellneubildung, die für die Gedächtnisfähigkeit von entscheidender Bedeutung ist. Sobald der Vitalstoffmangel behoben war, konnten sich neue Nervenzellen bilden und die Alltagskompetenz kehrte zurück. Das ist heute kein Einzelfall mehr (Literatur: «Alzheimer ist heilbar»), was zur Frage führt: Wie viele vermeintlich «Demente» leben möglicherweise in Altersheimen, denen man mit entsprechenden Nährstoffen vielleicht zu einem normalen geistigen Leben zurückverhelfen kann?

Vitamin D

Schweiz
Vitamin D Burgerstein 300 IE pro Tropfen
Vitamin D Burgerstein Tabletten 600 IE
Vitamin D Wild 500 IE pro Tropfen

Deutschland/Österreich
Vitamin D Hevert 1000/2000/4000 Tabletten
Vitamin D3 Wörwag 1000/2000 Tabletten
Vitagamma 5600 Tabletten
Vigantol Öl (rezeptpflichtig)
1 Tropfen = 500 IE

Die Zufuhrempfehlung (in der Schweiz 600 IE, über 65 Jahre 800 IE) kann damit leicht erreicht werden. Optimale Spiegel (unter Blutkontrolle) sind unter therapeutischer Aufsicht nur mit deutlich höheren Dosierungen zu erreichen.

B-Vitamine

Schweiz
Vitamin B-Komplex Burgerstein: bei leichter Homocysteinerhöhung
Drossafol (5 mg Folsäure) plus **Benexol** (hochdosiert Vitamin B_1, B_6, B_{12}): bei mäßiger bis deutlicher Homocystein-erhöhung einmal täglich bis einmal pro Woche (unter ärztlicher Aufsicht, rezeptpflichtig!), je nach Höhe des Spiegels

Deutschland/Österreich
Vitamin B-Komplex Hevert, Tabletten (hochdosiert Vitamin B_1, B_6, B_{12})
Folsäure Hevert, Tabletten (5 mg) bei leichter Homocysteinerhöhung je 1 Tablette pro Woche, bei starker Erhöhung je 1 Tablette täglich

Omega-3-Fettsäuren

Schweiz
Burgerstein DHA-Kapseln: 2 Kapseln enthalten ca. 400 mg DHA
NorSan (früher SanOmega) **Arktis Fischöl:** 1 TL enthält ca. 400 mg DHA (dieses Präparat ist nach den strengen Kriterien von Friends of the Sea zertifiziert)
NorSan (früher SanOmega) **vegan Algenöl:** 1 TL enthält ca. 1200 mg DHA
NorSan (früher SanOmega) **Kapseln:** 4 Kapseln enthalten ca. 400 mg DHA

Deutschland/Österreich
NorSan (früher SanOmega) **Arktis Fischöl:** 1 TL enthält ca. 400 mg DHA (dieses Präparat ist nach den strengen Kriterien von Friends of the Sea zertifiziert)
NorSan (früher SanOmega) **vegan Algenöl:** 1 TL enthält ca. 1200 mg DHA
NorSan (früher SanOmega) **Kapseln:** 4 Kapseln enthalten ca. 400 mg DHA

Vorbeugung von Demenz – unsere Empfehlungen

Eine gesunde, vollwertige Ernährung ist die Grundlage für eine gute Prävention gegen Demenz. Diese sollte reich an sekundären Pflanzeninhaltsstoffen sein, also viele «bunte Lebensmittel» mit gelben, roten und blauen Farben beinhalten (zum Beispiel Anthocyane in roten Weintrauben, Lycopin in Tomaten, Curcumin in Gelbwurz oder Catechin in grünem Tee). In der Rezeptsammlung finden Sie zahlreiche Beispiele für eine solche Ernährung.

Fische sind aufgrund ihres Gehaltes an bioaktiven Omega-3-Fettsäuren (wie zum Beispiel EPA und DHA) empfehlenswert. Einen hohen Omega-3-Gehalt haben zum Beispiel Hering, Makrele und Lachs. Unter dem Aspekt der Fettsäuren sind mindestens zwei Fischmahlzeiten pro Woche empfehlenswert. Aus toxikologischer Sicht ist vielleicht schon einmal im Monat zuviel. Die optimale Dosis liegt vermutlich irgendwo dazwischen. Jeder muss seine eigene Entscheidung treffen.

Die zunehmende Meeresverschmutzung (Schwermetalle, Pestizide, Plastikmüll) und die Überfischung setzen dem unbegrenzten Konsum von Fischen auf Dauer Grenzen. Wegen der ökologischen Belastung sollten Thunfisch, Schwertfisch oder Hai, die am Ende der maritimen Nahrungskette stehen, heute schon selten verzehrt werden, besser, man verzichtet völlig auf diese.

Welche weiteren Quellen für bioaktive Omega-3-Fettsäuren gibt es noch? Pflanzliche Omega-3-Quellen wie Leinöl, Hanföl, Rapsöl, Chiasamen werden kaum in EPA oder DHA umgewandelt.

Aus Gründen der Schwermetallbelastung ist Fischöl eine Alternative, wenn es hochdestilliert wird und daher nahezu frei von Schadstoffen ist.

Aus Gründen der Ökonomie ist Algenöl eine weitere Alternative – nicht nur für Veganer. Denn dieses ist prinzipiell unbegrenzt verfügbar. Gute Präparate stammen aus der Zucht in «künstlichen» und daher nicht toxisch belasteten Meerwasseranlagen (es wird kein Meerwasser genommen, sondern sauberes Süßwasser künstlich in Meerwasser verwandelt).

Schmecken Fisch- oder Algenöl sehr tranig beziehungsweise «fischig», so ist das Öl verdorben. Solche Öle sollten Sie nicht mehr einnehmen. Ein gutes Fisch- oder Algenöl – in Kapseln oder als flüssiges Öl – schmeckt praktisch nicht nach Fisch.

Und wie viel Fisch- oder Algenöl sollte ich zu mir nehmen? Wenn ich optimal versorgt sein will, so sollte ich eine entsprechende Fettsäureanalyse veranlassen. Die meisten größeren Labors können dies inzwischen durchführen. Fragen Sie Ihren Arzt oder Heilpraktiker. Aus der Analyse kann man sowohl den Gehalt der wichtigen Omega-3-Fettsäuren EPA und DHA als auch den wichtigen Omega-6-/Omega-3-Quotienten ablesen. Ideal ist ein Quotient von unter 2,5. Die meisten Menschen benötigen dafür eine Menge von 2 g Omega-3-Fettsäuren (EPA und DHA), entsprechend 1 EL Fischöl, 1 TL Algenöl, 12 üblichen Fischölkapseln mit 500 mg oder 4 Fischölkapseln mit 1 g, welche höher konzentriert sind. Je mehr Fleisch und Omega-6-haltige Nahrungsmittel (wie z. B. Sonnen- oder Maiskeimöl) ich esse, umso schwieriger ist es jedoch, diesen guten Quotienten zu erreichen.

Beim Vitamin D sollte ein Spiegel im Blut von etwa 100 nmol/l angestrebt werden. Die meisten Menschen benötigen dafür zwischen 2000 und 6000 IE pro Tag. Da man Vitamin D theoretisch auch überdosieren kann, empfehlen wir jedoch stets, die Einnahme durch einen Arzt kontrollieren zu lassen.

Was ist mit den Spurenelementen und den B-Vitaminen? Um auch hier sicherzugehen, dass kein Mangel besteht, sollte man auch diese überprüfen lassen und gegebenenfalls korrigieren, wenn eine Ernährungsumstellung nicht ausreicht. Das gilt auch für das Homozystein. Auch bei guter Vitamin-Versorgung kann es erhöht sein, da es genetische Varianten gibt, bei denen eine wesentlich höhere Versorgung mit Folsäure, Vitamin B_6 und B_{12} benötigt wird, um optimal niedrige Spiegel zu erreichen.

Bitte vergessen Sie auch nicht andere Schutzfaktoren für Ihre geistigen Fähigkeiten:

- Regelmäßige körperliche Aktivitäten stärken nicht nur die Muskeln, sondern auch das Gehirn.
- Zucker schädigt die Nervenzellen – so wenig wie möglich.
- Kokosöl ist gut für die Nervenzellen – besonders beim Braten ist es das hitzebeständigste Öl, bis zu 50 Gramm am Tag werden in hirnschützende Ketonkörper umgewandelt.
- Gute soziale Kontakte helfen auch unserem Gehirn.
- Und ein guter Lebensoptimismus und ein Schuss Humor haben noch nie jemandem geschadet.

So bleiben Sie fit – körperlich und geistig.

Spiegelei auf Frühlingszwiebeln

für 1 Person

- 1 EL Kokosöl
- 1 Bund Frühlingszwiebeln
- wenig Chilischote, in Streifchen, nach Belieben
- Salz
- frisch gemahlener Pfeffer
- 2 Freilandeier
- ½ Bund Schnittlauch, fein geschnitten

❖ Bei den Frühlingszwiebeln die Wurzeln abschneiden. Zwiebeln mit Grün in Streifen/Röllchen schneiden, mit Chili im Kokosöl einige Minuten braten. Eier aufschlagen und daraufsetzen, Eiweiß stocken lassen, mit Salz und Pfeffer würzen und mit Schnittlauch bestreuen.

Zum Rezept Das ist ein feines Frühstück. Gut dazu passen in Olivenöl eingelegte getrocknete Tomaten und Oliven.

Vegane Varianten Eier durch 150 g gekochte weiße Bohnen oder Linsen oder Kichererbsen oder 2–3 EL gekochter Quinoa ersetzen (mit den Zwiebeln erwärmen). Mit 1 TL veganem Algenöl mit Omega-3-Fettsäuren anreichern.

Kokosöl Es ist je nach Temperatur flüssig (Öl) oder fest (Fett).

Chili Nicht in zu großer Menge verwenden, weil das Gewürz eine austrocknende Wirkung hat.

Frühstücksmüesli

für 1 Person

- 2 EL Hafer- oder Hirseflocken
- 1 TL Kokosflocken
- 1 TL gemahlene Haselnüsse oder Mandeln
- ¼ TL Chiasamen oder Leinsamen
- Vanille- oder Zimtpulver
- 120 g frische oder tiefgekühlte Beeren, z. B. Himbeeren, Heidelbeeren oder Johannisbeeren
- 1,2–1½ dl/120–150 ml Kokosmilch
- wenig Reissirup, zum Süßen, nach Belieben

❖ Getreide- und Kokosflocken, Nüsse und Samen mischen, mit Vanillepulver abrunden, Beeren darauf verteilen, mit Kokosmilch übergießen, mit wenig Reissirup süßen.

Varianten Kokos- durch Hafermilch ersetzen. Haferflocken durch gepufften Amaranth ersetzen.

Hochwertige Fettsäuren Müesli mit 1 TL veganem Algenöl oder alternierend mit 1 EL Lein-/Kokosöl anreichern.

Exotischer Fruchtsalat mit Chiasamen

für 1 Glas

- ¼–½ reife Mango
- ¼–½ Papaya
- ¼–½ Granatapfel (Kerne)
- Beeren, je nach Saison
- 2 TL Chiasamen
- 1½–2½ dl/ 150–250 ml Kokosmilch
- wenig abgestreiftes Vanillemark (Schote) oder Vanilleessenz (Bioladen)
- wenig Reissirup, zum Süßen, nach Belieben
- wenig frische oder getrocknete Kokosraspel
- Minzeblättchen oder Blüten, je nach Saison

❖ Mango schälen und Fruchtfleisch vom Stein schneiden und würfeln. Papaya entkernen (einige Kerne zum Fruchtsalat geben, sie sind reich an Enzymen) und Fruchtfleisch würfeln. Granatapfel halbieren und Kerne mit einem Löffel herausklopfen.

❖ Chiasamen in ein Glas geben, Kokosmilch und Vanille unterrühren, 1 Stunde quellen lassen. Reissirup unterrühren und Früchte darauf verteilen. Mit Kokosraspel und Minze garnieren.

Variante Früchte mit einem Schuss Grand Marnier verfeinern. Salat mit einigen Cashewnüssen oder Paranüssen anreichern.

Kokos-Mango-Lassi

für 1 Person

2–2½ dl/200–250 ml Kokosmilch

2 EL Mangopulpe (pürierte Mango aus dem Glas) oder ¼ frische, reife Mango oder wenig Ingwer, fein gerieben, oder Ingwerpulver oder Vanilleextrakt

Reissirup, zum Süßen, nach Belieben

❖ Alle Zutaten sämig mixen. Eventuell mit dem Reissirup schwach süßen.

Variante Mango durch 100–120 g Himbeeren ersetzen, mit Vanillemark abrunden.

Hochwertige Fettsäuren Wenig Nüsse oder Olivenöl oder veganes Algenöl mitmixen, damit die Carotinoide in Vitamin A umgewandelt werden können.

Abbildung zusätzlich mit Beeren-Lassi.

Randen-Apfel-Smoothie mit Ingwer

für 1 Person

- 1 Apfel, ca. 150 g
- 150 g rohe Randen/Rote Beten
- wenig Ingwer, nach Belieben
- ¼ Bio-Zitrone, mit Schale
- ½ dl/50 ml Wasser

❖ Apfel vierteln. Randen ungeschält in Stücke schneiden.

❖ Zutaten nach und nach in den Slow Juicer füllen und zum Smoothie verarbeiten. Wasser am Schluss zugeben; so werden auch die letzten wertvollen Stoffe hinaustransportiert und der Smoothie wird gleichzeitig verdünnt.

Hochwertige Fettsäuren Wenig Nüsse oder Olivenöl oder veganes Algenöl mitverarbeiten, damit die Carotinoide in Vitamin A umgewandelt werden können.

Apfel-Stangensellerie-Petersilie-Smoothie

für 1 Person

- 100 g Stangen-/Staudensellerie mit Grün
- 1 Apfel, ca. 150 g
- ¼ Bio-Zitrone, mit Schale
- ½–1 Bund glattblättrige Petersilie, grob zerkleinert
- ½–1 dl/50–100 ml Wasser

❖ Apfel vierteln.

❖ Zutaten nach und nach in den Slow Juicer füllen und zum Smoothie verarbeiten. Wasser am Schluss zugeben; so werden auch die letzten wertvollen Stoffe hinaustransportiert und der Smoothie wird gleichzeitig verdünnt.

Hochwertige Fettsäuren Wenig Nüsse oder Olivenöl oder veganes Algenöl mitverarbeiten, damit die Carotinoide in Vitamin A umgewandelt werden können.

Mediterrane Antipasti

2 ganze Knoblauchzwiebeln

300 g grüne Mini-Peperoni/-Gemüsepaprika

2–3 EL Olivenöl
Salz

rote Peperoni/Gemüsepaprika
Oliven, nach Belieben
Kapern
Dörrtomaten

❖ Knoblauch quer halbieren, in eine Gratinform legen, mit Olivenöl bepinseln und salzen. Bei 220 °C 20–30 Minuten schmoren.

❖ Peperoni in wenig Olivenöl bei mittlerer Hitze unter Rühren rund 15 Minuten schmoren. Salzen. Lauwarm oder kalt servieren.

Produkteinfo Die grünen Peperoni enthalten Bitterstoffe, die in unserer Ernährung häufig fehlen.

Bunt gefüllte Zucchiniröllchen

1 mittelgroßer Zucchino
Olivenöl

❖ Zucchino beidseitig kappen und auf dem Gemüsehobel in nicht zu feine Längsstreifen hobeln.

❖ Zucchinistreifen in einer Bratpfanne im Olivenöl maximal 1 Minute dünsten. Oder Zucchinistreifen im Dampf 1 Minute garen.

Füllungen Mit Rauchlachs oder Avocado-Bohnen-Creme (vegan), Seite 56, oder Bohnen-Tomaten-Hummus (für vegane Variante ohne Sardellen), Rezept Seite 46, ersetzen.

Abbildung Seite 57, hinten rechts.

Marinierte Sardellen

- 130 g frische oder in Öl eingelegte Sardellen
- ½ Zitrone, Saft
- 2 EL Olivenöl
- 2 EL fein geschnittene glattblättrige Petersilie
- 2 Knoblauchzehen, in feinen Scheiben

❖ Sardellen sind häufig in Sonnenblumenöl eingelegt. In diesem Fall das Öl abgießen und Sardellen gut abtropfen lassen.

❖ Sardellen auf einen Teller oder eine Platte legen und mit Zitronensaft und Olivenöl beträufeln, Petersilie und Knoblauch darüberstreuen.

Tipp Mit wenig Brot servieren.

Vegane Variante Sardellen durch 1 Zucchino oder Fenchel ersetzen, die auf dem Gemüsehobel fein gehobelt werden. Für eine optimale Omega-3-Fettsäuren-Versorgung zuätzlich mit 1 EL veganem Algenöl oder Olivenöl anreichern.

Gefüllte Peperoni

- 3 rote Peperoni/Gemüsepaprika

Bohnen-Tomaten-Hummus

- ½ Glas oder ½ Dose gekochte weiße Bohnen, ca. 120 g, abgetropft
- 5 in Olivenöl eingelegte Dörrtomaten, zerkleinert
- 1 Zweig Basilikum oder Bohnenkraut oder einige Stängel glattblättrige Petersilie, Blättchen abgezupft
- 1 Bio-Zitrone, wenig abgeriebene Schale
- 1–2 EL Olivenöl, nach Belieben
- 1–2 Sardellenfilets, nach Belieben
- 1 Knoblauchzehe, nach Belieben
- frisch gemahlener Pfeffer

❖ Für den Hummus alle Zutaten zu einer feinen Paste mixen, mit Pfeffer abschmecken.

❖ Peperoni längs halbieren, Stielansatz mit Kernen und weiße Rippen entfernen, Schotenhälften quer halbieren. Bohnen-Tomaten-Hummus darauf verteilen.

Verwendung Der Bohnen-Tomaten-Hummus eignet sich auch als Dipsauce zu Gemüsestängelchen, Fleisch und Fisch und ist ideal zum Füllen von Zucchinistreifen.

Abbildung Seite 57, hinten links.

Pilze im Ausbackteig

250 g Pilze, z. B. Champignons, Shiitake, Kräuterseitlinge

Ausbackteig

- 2 Eier
- wenig Bier
- 2 EL Kichererbsenmehl
- Salz
- frisch gemahlener Pfeffer
- evtl. wenig fein gehackte Rosmarinnadeln

Kokosöl, zum Frittieren

Zitronenschnitze

❖ Alle Zutaten zu einem flüssigen Teig rühren. 20 Minuten quellen lassen.

❖ Pilze in den Teig tauchen, im heißen Kokosöl frittieren. Mit Zitronenschnitzen servieren.

Inhaltsstoffe Pilze sind eine gute Vitamin-D-Quelle und enthalten wenig Kohlenhydrate.

Mahlzeit Mit einem Salat servieren.

Variante Auch Flower Sprouts (Grünkohl), Zucchini- und Auberginenscheiben können im Ausbackteig frittiert werden.

Weisskabis-Bruschetta

- 6 dünne Ruchbrot- oder Baguettescheiben

- 1–2 EL Olivenöl
- 150 g Weißkabis/-kohl, fein gehobelt
- wenig fein gehackte Chilischote, nach Belieben
- 1–2 Knoblauchzehen, in feinen Scheiben
- 1 EL Rotweinessig
- 2 Sardellenfilets, gehackt, nach Belieben
- Salz
- abgezupfte glattblättrige Petersilie

❖ Weißkabis, Chili und Knoblauch im Olivenöl 8–10 Minuten rührbraten, mit Rotweinessig ablöschen, Sardellen zufügen, vorsichtig salzen (die Sardellen sind salzig).

❖ Brot in der Bratpfanne leicht rösten, mit Olivenöl bestreichen.

❖ Weißkabis auf den gerösteten Brotscheiben verteilen. Mit Petersilie garnieren.

Vegane Variante Sardellen durch 2 TL veganes Algenöl ersetzen.

Brot In der Demenz-Prävention wird empfohlen, Brot eher selten und in kleinen Mengen zu essen.

Nuss-Bruschetta

- 6 dünne Ruchbrot- oder Baguettescheiben

- 40 g Baum-/Walnüsse
- 1–2 EL Olivenöl
- wenig Stangen-/Staudensellerie, in feinen Scheiben
- wenig gehackte Chilischote
- 1 Knoblauchzehe, fein gewürfelt
- Salz
- wenig gehackte Petersilie

❖ Baumnüsse in der Bratpfanne trocken rösten, auskühlen lassen und mittelfein hacken.

❖ Brot in der Nusspfanne schwach rösten, mit Olivenöl bestreichen.

❖ Stangensellerie im Olivenöl andünsten, Chili, Knoblauch und Nüsse zugeben, kurz weiterdünsten, mit Salz abschmecken. Auf Brotscheiben verteilen. Mit Petersilie garnieren.

Omega-3-Fettsäuren 1 EL Olivenöl durch 2 TL veganes Algenöl ersetzen.

Inhaltsstoffe Brot und Nüsse sind eine gute biologische Eiweißkombination, die auch für Veganer ideal ist.

Artischocken

4 große Artischocken
1 EL Meersalz
1 Lorbeerblatt

Mayonnaise

2 Eigelbe von Freilandeiern
1 TL Kräutermeersalz
1 Msp weißer Pfeffer
1 Prise Cayennepfeffer
wenig Senf
1 EL weißer Balsamico
2 dl/200 ml Olivenöl
wenig Zitronensaft

Tahinsauce

1 Zitrone, Saft
100 g Tahin/Sesampaste
100 g weißes Mandelpüree
2 TL veganes Algenöl
1–2 Knoblauchzehen, nach Belieben
Meersalz
1 EL gehackte glattblättrige Petersilie
ca. 1 dl/100 ml Gemüsebrühe

❖ Bei den Artischocken den Stiel abschneiden. In einem Kochtopf etwa 1 Liter Wasser mit Salz und Lorbeerblatt aufkochen, Artischocken zugeben und bei mittlerer Hitze etwa 20 Minuten kochen. In ein Sieb geben, gut abtropfen lassen.

❖ Warme Artischocken mit der Mayonnaise oder der Tahinsauce servieren.

Mayonnaise Eigelbe, Salz, Pfeffer, Senf und Balsamico in einer Schüssel gut verrühren. Olivenöl im Faden unter das Eigelb rühren. Sauce mit Zitronensaft abschmecken.

Tahinsauce (vegane Variante) Die ersten fünf Zutaten mischen, salzen, Petersilie unterrühren. So viel Gemüsebrühe zugeben, bis die Sauce die gewünschte Konsistenz hat. Die Menge ist großzügig bemessen und reicht für eine zweite Mahlzeit.

Artischocke Sie enthält wertvolle Bitterstoffe.

Lachs im zweifarbigen Chicorée

- 1 roter Chicorée/ Brüsseler Endivie
- 1 weißer Chicorée/ Brüsseler Endivie
- 100 g Bio-Lachs, Sushi-Qualität
- frisch gemahlener Pfeffer
- Salz
- ½ Zitrone, Saft
- 1–2 EL Olivenöl
- 1 EL Kapern

- frisch geriebener Meerrettich

❖ Chicorée in die einzelnen Blätter zerlegen und immer drei Blätter ineinanderlegen.

❖ Lachs fein schneiden und auf die Blätter verteilen. Mit Pfeffer und Salz würzen, mit Zitronensaft und Olivenöl beträufeln, mit Kapern garnieren und mit Meerrettich bestreuen.

Variante Anstelle von Frischlachs eignen sich auch Räucherlachs und Hering.

Vegane Varianten Lachs durch Avocado ersetzen und mit veganem Algenöl beträufeln. Oder Lachs durch Nusspaste, Seite 50, oder Weißkabis/-kohl (ohne Sardellen), Seite 50, ersetzen. Oder: 3 EL gekochte weiße Bohnen, 1 Knoblauchzehe (fein gehackt), Saft von einer halben Zitrone, je 1 EL veganes Algenöl und Olivenöl und wenig fein gehackte Petersilie mischen, mit Salz und Pfeffer abschmecken.

Avocado-Bohnen-Creme

- ½ Glas oder ½ Dose gekochte weiße Bohnen, ca. 120 g, abgetropft
- ½–1 Avocado
- 1 Knoblauchzehe, zerkleinert, nach Belieben
- ½ Bio-Zitrone, abgeriebene Schale und Saft
- 5 Basilikumblättchen oder ¼ Bund glattblättrige Petersilie
- 1 EL Olivenöl
- frisch gemahlener Pfeffer
- Salz

❖ Avocado schälen, halbieren und entsteinen.

❖ Für die Creme alle Zutaten zu einer feinen Paste mixen, mit Pfeffer abschmecken.

Variante Creme mit 1 EL Cashewnussmus anreichern. Bohnen durch Kichererbsen ersetzen.

Tipp Die Creme passt auch zu Gemüsestängelchen.

Tapenade

- 100 g entsteinte schwarze Oliven
- 20 g Sardellen
- 1 TL Kapern, nach Belieben
- ½ Bund glattblättrige Petersilie
- 2–4 EL Olivenöl
- 1 Bio-Zitrone, wenig abgeriebene Schale
- wenig Chilischote, fein gewürfelt, nach Belieben
- 1–3 Knoblauchzehen, zerkleinert

❖ Alle Zutaten mit einem Hacker nach Belieben grob oder fein hacken.

Tipp Passt zu Gemüse, Pasta, Cracker.

Vegane Variante Sardellen durch ½–1 EL veganes Algenöl ersetzen.

Mediterrane Fischsuppe

Mahlzeit

2 EL Olivenöl
1 Knoblauchzehe, klein gewürfelt
1 Peperoncino, entkernt, in Streifchen
1 Zucchino
1 Aubergine
1 gelbe Peperoni/Gemüsepaprika
200 g Pelati aus dem Glas, entstielt, zerkleinert
1 dl/100 ml Weißwein
½ l Gemüsebrühe
1 Thymianzweiglein
1 Lorbeerblatt
300 g Seeteufel oder Lachs oder Kabeljau, MSC-Qualität, gewürfelt
Salz

Olivenöl
½ Bund Petersilie

❖ Zucchino und Aubergine beidseitig kappen, in Würfel schneiden. Peperoni halbieren, Stiel mit Kernen und weiße Rippen entfernen, Schotenhälften in mundgerechte Stücke schneiden.

❖ Knoblauch, Peperoncino und Gemüse im Olivenöl andünsten, Pelati und Weißwein zugeben, mit Gemüsebrühe auffüllen, Thymianzweiglein und Lorbeerblatt zugeben, 15–20 Minuten köcheln lassen. Fisch die letzten 8 Minuten mitkochen. Mit Salz abschmecken.

Varianten Krevetten/Garnelen oder Muscheln mitkochen. Für eine vegane Mahlzeit Fisch durch große weiße Bohnen ersetzen.

Linsensuppe mit Kokosmilch und Ingwer

1 EL Kokosöl
1 kleine Zwiebel, klein gewürfelt
70 g rote Linsen
¼ TL Kurkuma
wenig Chilischote, nach Belieben, entkernt, in Streifchen
½ l Gemüsebrühe
1 kleines Stück Ingwer
1 dl/100 ml Kokosmilch

Olivenöl, zum Beträufeln
Kokosmilch, für die Garnitur
schwarze Sesamsamen

❖ Zwiebeln im Kokosöl andünsten, Linsen, Kurkuma und Chili mitdünsten, mit Gemüsebrühe ablöschen, Suppe köcheln lassen, bis die Linsen weich sind. Linsensuppe mit Stabmixer pürieren. Ingwer auf einer feinen Reibe dazureiben, Kokosmilch zugeben, nochmals kurz köcheln lassen.

❖ Linsensuppe anrichten, mit Olivenöl beträufeln und mit Kokosmilch garnieren, mit Sesamsamen bestreuen.

Randensuppe russische Art

- 2 EL Olivenöl
- 1 rote oder weiße Zwiebel, klein gewürfelt
- 400 g rohe Randen/Rote Beten
- 1 kleine Karotte
- 1 kleine Süßkartoffel
- 5–6 dl/500–600 ml Gemüsebrühe
- Salz
- frisch gemahlener Pfeffer
- 1 Lorbeerblatt
- Meerrettich, fein gerieben
- ½ Bund glattblättrige Petersilie, Blättchen abgezupft, in Streifchen

❖ Randen, Karotte und Süßkartoffel schälen, in Würfelchen schneiden.

❖ Zwiebeln, Randen, Karotten und Süßkartoffeln im Olivenöl andünsten, mit Gemüsebrühe ablöschen, mit Salz und Pfeffer würzen, Lorbeerblatt zugeben, Suppe rund 40 Minuten köcheln lassen. Lorbeerblatt entfernen.

❖ Randensuppe anrichten, mit Meerrettich und Petersilie bestreuen.

Tipp Die Kochzeit kann halbiert werden, wenn man das rohe Gemüse auf der Röstiraffel reibt.

Zum Rezept Klassisch wird Borscht mit Fleischbrühe und Rindfleisch zubereitet. Man kann die Suppe auch wie die Russen mit Räucherfisch servieren.

Schnelle Kürbissuppe

- 2 EL Kokosöl
- 1 kleine Zwiebel, klein gewürfelt
- wenig Chilischote, fein gewürfelt
- 400 g geschälter Kürbis, z. B. Potimarron oder Muscade de Provence, gewürfelt
- wenig Zitronengras oder ½ Kaffernlimettenblatt
- ½–1 TL Kurkuma
- 3 dl/300 ml Gemüsebrühe
- 1½ dl/150 ml Kokosmilch
- 1 Bio-Orange, wenig abgeriebene Schale und Saft
- wenig frisch geriebener Ingwer
- Orangenöl

❖ Zwiebeln, Chilischote und Kürbis im Kokosöl andünsten, Zitronengras und Kurkuma zugeben. Mit Gemüsebrühe und Kokosmilch ablöschen, köcheln lassen, bis der Kürbis weich ist. Zitronengras entfernen. Suppe pürieren. Orangensaft und Orangenschale sowie Ingwer unterrühren, anrichten. Mit Orangenöl beträufeln.

Varianten Kürbis durch 250–300 g Karotten oder Süßkartoffeln oder Randen/Rote Beten ersetzen.

Orangenöl Für dieses Öl werden Oliven und Orangen mit Schale in einem harmonischen Mengenverhältnis im gleichen Arbeitsgang gepresst.

Zwiebelsuppe mit Rosmarin und Thymian

- 2 EL Olivenöl
- 3 Zwiebeln, ca. 200 g, in feinen Streifen
- 1 Prise Kurkuma
- 1 dl/100 ml Weißwein
- ½ l Gemüsebrühe
- 1 Thymianzweiglein, Blättchen abgezupft
- einige Rosmarinnadeln, fein gehackt
- einige frische Chilischotenringe, nach Belieben
- frisch gemahlener Pfeffer

- Olivenöl
- fein gehackte Petersilie

❖ Zwiebeln im Olivenöl unter Rühren bei mäßiger Hitze 5–8 Minuten dünsten. Kurkuma darüberstreuen, mit Weißwein ablöschen und mit Gemüsebrühe auffüllen. Kräuter und Chili zugeben, 20–30 Minuten köcheln, mit Pfeffer würzen (wenn kein Chili verwendet wurde).

❖ Zwiebelsuppe anrichten, mit Olivenöl beträufeln und mit Petersilie bestreuen.

Tipp Mahlzeit mit einem Salat starten und zur Suppe einige Mandeln (als Ersatz für Brot) servieren.

Gemüsecarpaccio mit Früchten

für 1 Person

1 große Portion (1 Teller voll) Saisongemüse, z. B. Kohlrabi, Fenchel, Rande/Rote Bete, Zucchino, Spargel, Kürbis (Muscade de Provence), Wirz/Wirsing, geschält und gehobelt/fein geschnitten

Früchte, z. B. Apfel, Persimon oder Erdbeeren, für die Garnitur

Sauce

Zitronensaft

Olivenöl

Salz

frisch gemahlener Pfeffer

Kräuter: Schnittlauch oder Petersilie

geröstete Nüsse, z. B. Pinienkerne, Kürbiskerne, Cashewkerne

❖ Gemüse zubereiten, Sauce darüberträufeln und mit Nüssen garnieren.

Tipps Gemüse mit wenig Fisch kombinieren, z. B. Wirz/Wirsing oder Fenchel mit Orange und Räucherhering. Schmeckt wunderbar! Oder Zucchini mit wenig frischem Lachs oder Räucherlachs. Für eine Mahlzeit mit einer Suppe kombinieren.

Portulak-Kabis-Salat mit Fenchel

- 100 g Portulak oder junger Spinat
- 1 kleiner Fenchel, fein gehobelt
- ¼ Weißkabis/-kohl, fein gehobelt
- 1 kleine rote Zwiebel, fein gewürfelt

Sauce

- 1 Zitrone, Saft
- 4 EL Olivenöl oder Rapsöl oder Baum-/Walnussöl
- Salz
- frisch gemahlener Pfeffer
- wenig geriebener Meerrettich, nach Belieben

❖ Sauce zubereiten.

❖ Portulak, Fenchel, Weißkabis und Zwiebeln mit der Sauce mischen.

Tipp Für eine Mahlzeit den Salat mit einem geräucherten Forellenfilet oder einer Suppe und/oder Curry-Cashewnüssen (Nüsse in der Bratpfanne ohne Fett leicht rösten, mit Curry bestäuben und kurz weiterrösten) servieren.

Randensalat mit Räucherhering

- 500 g gekochte Randen/ Rote Beten
- 50 g Portulak
- 200 g Räucherhering

Sauce

- 4 EL Olivenöl
- 2–3 EL Rotweinessig
- 1 EL Balsamico, nach Belieben
- Salz
- frisch gemahlener Pfeffer
- 1 kleine rote Zwiebel, fein gewürfelt
- frischer Meerrettich, fein gerieben, nach Belieben

❖ Randen schälen und in Würfelchen schneiden.

❖ Sauce zubereiten, danach Randen mit der Sauce mischen. 15 Minuten ziehen lassen.

❖ Randensalat auf dem Portulak anrichten. Räucherhering darauflegen.

Vegane Variante Avocado schälen, halbieren und entsteinen, Fruchtfleisch in Würfelchen schneiden. Die Hälfte des Olivenöls durch San-Omega-Öl (Fischöl aus Wildfang, angereichert mit Olivenöl) ersetzen.

Portulak Kann durch Rucola oder glattblättrige Petersilie ersetzt werden.

Chicorée-Spinat-Salat mit Avocado und Granatapfelkernen

kleine Mahlzeit

- 1 weißer Chicorée/ Brüsseler Endivie
- 80 g junger Blattsalat
- 1 reife Avocado
- 1 kleine rote Zwiebel, fein gewürfelt

Sauce

- ½ Zitrone, Saft
- 4 EL Olivenöl
- wenig Meerrettich, fein gerieben

- Curry-Cashewnüsse, nach Belieben
- ½ Granatapfel, ausgeklopfte Kerne

❖ Chicorée in Streifen schneiden. Avocado schälen, Frucht halbieren, Stein entfernen und Fruchtfleisch in Scheiben schneiden.

❖ Zutaten auf Teller verteilen, mit Sauce beträufeln, mit Granatapfelkernen garnieren.

Zum Rezept Das ist eine leichte Mahlzeit. Sie kann nach Belieben mit etwas Fisch oder Poulet/Hähnchen oder Hülsenfrüchten angereichert werden.

Curry-Cashewnüsse Nüsse in der Bratpfanne ohne Fett leicht rösten, mit Curry bestäuben und kurz weiterrösten.

Tomaten-Avocado-Salat mit Oliven

500 g sardische Tomaten
1 Avocado
12 schwarze Oliven, ohne Stein
1 rote Zwiebel, grob gehackt

Sauce

1 Zitrone, Saft
4 EL Olivenöl
frisch gemahlener Pfeffer
Salz
Basilikum oder glattblättrige Petersilie, zum Bestreuen

❖ Bei den Tomaten den Stielansatz ausstechen, Tomaten in Schnitze schneiden. Avocado schälen, Frucht halbieren, Stein entfernen, Fruchtfleisch in mundgerechte Stücke schneiden.

❖ Alle Zutaten mit der Sauce mischen.

Zucchino-Chicorée-Salat mit Kaki

- 1 Zucchino
- 1 Cicorino rosso, grob geschnitten
- 1 TL Pistazien oder Pinienkerne
- 1 Kaki oder Persimona, mit Schale, gewürfelt
- abgezupfte glattblättrige Petersilie

Sauce

- 1 Zitrone, Saft
- 4–5 EL Olivenöl
- Salz
- frisch gemahlener Pfeffer
- durchgepresster Knoblauch, nach Belieben

❖ Zucchino beidseitig kappen und in feine Scheiben hobeln. Cicorino rosso in die einzelnen Blätter zerlegen und diese in Streifen schneiden.

❖ Alle Zutaten mit der Sauce mischen.

Varianten Salat nach Belieben mit Oliven, Sardellen oder gekochten Linsen anreichern (siehe Bild).

Pasta mit Pilzen und Salbei

200 g glutenfreie Pasta, z. B. gerillte Penne

2 EL Olivenöl
300 g frische Shiitake und Kräuterseitlinge oder auch andere Pilze, je nach Angebot
1–2 Knoblauchzehen, fein gewürfelt, nach Belieben

2 EL Olivenöl
12 Salbeiblätter

❖ Pasta in reichlich Salzwasser al dente kochen. Abgießen und kalt abschrecken.

❖ Salbeiblätter in Olivenöl knusprig braten.

❖ Pilze vierteln und mit dem Knoblauch im Olivenöl kurz braten, Pasta und Salbei untermischen. Anrichten.

Variante Pilze durch Cherrytomaten ersetzen, am Schluss Basilikumblättchen untermischen.

Tomaten mit Spinatfüllung

4–6 reife Fleischtomaten

2 EL Olivenöl

500 g erntefrischer kleinblättriger Spinat oder Wildkräuter (Vogelmiere oder Guter Heinrich)

Salz

frisch gemahlener Pfeffer

1–2 Knoblauchzehen, in feinen Scheiben, nach Belieben

❖ Tomaten quer halbieren und aushöhlen (Masse für eine Suppe oder einen Risotto verwenden), in eine mit Olivenöl eingepinselte Gratinform stellen.

❖ Spinat im Olivenöl zusammenfallen lassen, würzen. In die Tomaten füllen, mit Knoblauchscheiben belegen.

❖ Tomaten im vorgeheizten Ofen bei 200 °C 20 Minuten backen.

Variante Vor dem Backen einige Pinienkerne auf dem Spinat verteilen.

Mahlzeit Mit Hirse oder Buchweizen, Rezept 126, servieren.

Kürbis-Süsskartoffel-Püree

- 200 g Süßkartoffeln, geschält, gewürfelt
- 200 g mehliger Kürbis, z. B. Potimarron, entkernt, geschält, gewürfelt
- 4 EL Olivenöl
- ½–1 Bund glattblättrige Petersilie, Blättchen abgezupft und fein gehackt
- 1–2 Knoblauchzehen, nach Belieben
- Salz
- wenig Kurkuma
- wenig Chilischote, fein gewürfelt

❖ Süßkartoffeln und Kürbis im Dampf etwa 15 Minuten weich garen. Durch das Passevite/die Flotte Lotte drehen oder mit dem Kartoffelstampfer fein verstampfen. Unter Zugabe des Olivenöls unter Rühren nochmals erwärmen, Petersilie und durchgepressten Knoblauch unterrühren, mit Salz, Kurkuma und Chili würzen.

Mahlzeit Gut zum Püree passen gebratene Krevetten/Garnelen und für eine vegane Variante die Gemüsespießchen, Seite 126.

Cima di Rapa mit Thunfischsteak

- 2–4 EL Olivenöl
- 500 g Cima di Rapa, in Streifen
- 2 Knoblauchzehen, fein gewürfelt
- wenig Peperoncino, nach Belieben, fein gewürfelt
- Salz

- Kokosöl
- 2 Thunfischsteaks, je 125 g–150 g, oder Bio-Zuchtlachs oder Schwertfisch
- Salz
- frisch gemahlener Pfeffer
- wenig Senf
- 1 Bio-Zitrone, abgeriebene Schale

- Kokosöl, zum Braten

❖ Cima di Rapa mit Knoblauch und Peperoncini im Olivenöl 10–12 Minuten rührbraten, mit Salz abrunden.

❖ Thunfischsteaks mit Salz, Pfeffer, Senf und Zitronenschale würzen. Im Kokosöl braten.

Vegane Variante Fisch durch gekochte weiße Bohnen ersetzen, die kurz im Gemüse erwärmt werden.

Gefüllte Champignons

- 8 große Champignons
- 2–4 EL Olivenöl
- 1 kleiner Zucchino
- 1–2 Knoblauchzehen, fein gewürfelt, nach Belieben
- 1 EL gehackte Kräuter, z. B. Thymian, Rosmarin, Petersilie
- 1 Bio-Zitrone, wenig abgeriebene Schale
- frisch gemahlener Pfeffer
- Salz

❖ Stiel bei den Champignons herausdrehen und fein würfeln oder fein hacken. Zucchino in kleinste Würfelchen (Brunoise) schneiden oder fein hacken.

❖ Gewürfelte Champignonstiele, Zucchini, Knoblauch und Kräuter im Olivenöl andünsten, mit Zitronenschale, Pfeffer und Salz würzen. In die Pilzhüte füllen und diese in ein eingeöltes Blech stellen.

❖ Gefüllte Champignons im vorgeheizten Ofen bei 200 °C 30 Minuten backen.

Mahlzeit Servieren mit Salat, Hirse, Seite 126, Quinoa oder Buchweizen, Seite 126.

Gemüsegratin sizilianische Art

- 500 g rote und/oder gelbe Peperoni/Gemüsepaprika
- 250 g Zucchini
- 4–6 EL Olivenöl
- Salz
- frisch gemahlener Pfeffer
- 1 Handvoll Basilikumblättchen
- 1 Bio-Zitrone, abgeriebene Schale

❖ Peperoni auf ein mit Backpapier belegtes Blech legen und im Ofen bei 220 °C etwa 30 Minuten backen. Gemüsefrüchte schälen, halbieren, Stielansatz und Kerne entfernen.

❖ Zucchini beidseitig kappen, mit dem Sparschäler Streifen abziehen.

❖ Eine Gratinform mit Öl einfetten, Peperoni und Zucchini abwechslungsweise in die Gratinform schichten, jede Lage mit Olivenöl beträufeln und mit Salz und Pfeffer würzen und mit Basilikumblättchen belegen.

❖ Gemüsegratin im vorgeheizten Ofen bei 200 °C 20 Minuten backen.

Tipp Der Gemüsegratin ist lauwarm und kalt ein Genuss.

Mahlzeit Zum Gratin passen die Tapenade, Seite 56, Fisch, Poulet und Quinoa.

Linsen-Dhal mit Kürbis und Dörrtomaten

- 1–2 EL Kokosöl
- 1 kleine Zwiebel, fein gewürfelt, nach Belieben
- 150–200 g rote Linsen
- 1 TL Kurkuma
- ½ l Gemüsebrühe
- 200 g mehliger Kürbis oder Karotten
- 10 in Olivenöl eingelegte Dörrtomaten, in Streifen
- 1 Bund Koriander oder glattblättrige Petersilie, Blättchen abgezupft, gehackt
- einige geröstete Curry-Cashewkerne, Seite 78

❖ Zwiebeln im Kokosöl andünsten, Linsen und Kurkuma zugeben, mit Gemüsebrühe ablöschen, Kürbis nach rund 10 Minuten, Dörrtomaten 5 Minuten vor Ende der Garzeit zugeben (Garzeit insgesamt 25–30 Minuten). Kräuter unterrühren. Cashewkerne separat servieren.

Varianten Das Gemüse je nach Saison austauschen, zum Beispiel durch Zucchini, Auberginen, Peperoni/Gemüsepaprika, Pastinaken.

Mahlzeit Mit gebratenen Haferwurzeln oder mit Stachys servieren. Stachys waschen und im Dampf 4–5 Minuten garen. Auskühlen lassen. Im Kokosöl 5–6 Minuten braten, mit Salz, Pfeffer und nach Belieben mit Kurkuma würzen.

Pouletbrust mit Oliven-Pinienkern-Füllung

2 Poulet-/Hähnchenbrustfilets, je ca. 130 g

Füllung

- 1½ EL Pinienkerne
- 5 Basilikumblättchen
- 5 entsteinte schwarze Oliven
- 2 kleine Dörrtomaten
- ¼ Bio-Zitrone, abgeriebene Schale
- Salz
- frisch gemahlener Pfeffer

Kokosöl oder Olivenöl, zum Braten

❖ Mit einem scharfen Messer eine Tasche in die Pouletbrustfilets schneiden.

❖ Alle Zutaten für die Füllung hacken und mit Zitronenschale, Salz und Pfeffer würzen, in die Taschen füllen und diese mit einem Zahnstocher verschließen. Mit Salz und Pfeffer würzen.

❖ Gefüllte Pouletbrüstchen in einer Bratpfanne in wenig Kokosöl bei mittlerer Hitze insgesamt 15–20 Minuten braten. Oder im Backofen bei 200 °C oder 180 °C Umluft rund 30 Minuten, dabei das Fleisch mit Olivenöl beträufeln. Das Pouletfleisch muss gut durchgegart sein.

Mahlzeit Mit gebratenen Pilzen oder Lauch oder mit gedämpftem Kürbis oder Kürbispüree servieren.

Füllung Sie eignet sich auch zum Füllen von Fischröllchen, z. B. von Forellenfilets, von ausgehöhlten Zucchinihälften, Peperoni-/Gemüsepaprikavierteln und Champignons, die im Ofen gebacken werden.

Forellenfilet mit Orangen und Zwiebeln

2 Bio-Forellenfilets, je 150 g, oder anderer Fisch MSC oder Friend of the Sea
Meersalz
1 TL fein gehackter Thymian
frisch gemahlener Pfeffer
1 Bio-Blondorange
1 kleine rote oder weiße Zwiebel
4 EL Olivenöl
wenig Peperoncino, entkernt, in feinen Ringen

❖ Der Orange oben und unten einen Deckel abschneiden und die Frucht in feine Scheiben schneiden und entkernen. Zwiebel in feine Ringe schneiden.

❖ Fischfilets in eine eingefettete Gratinform legen und mit Salz, Thymian und Pfeffer würzen, mit Orangen und Zwiebeln belegen, mit Olivenöl übergießen und mit Peperoncino bestreuen.

❖ Forellenfilets im vorgeheizten Ofen bei 200 °C 15–20 Minuten garen.

Mahlzeit Mit Salat oder wenig Linsen servieren.

Vegane Variante Forellenfilets durch weißen Chicorée ersetzen. Vor dem Backen im Dampf etwa 5 Minuten garen, je nach gewünschtem Biss.

Artischocken mit Tomaten und Oliven

- 2 EL Olivenöl
- 500 g frische kleine Artischocken
- 1 Knoblauchzehe, klein gewürfelt
- evtl. wenig Peperoncino, klein gewürfelt
- wenig Weißwein
- 200 g Fleischtomaten
- gehackte glattblättrige Petersilie
- 6 schwarze Oliven
- 1 Bio-Zitrone, wenig abgeriebene Schale
- frisch gemahlener Pfeffer

❖ Blattspitzen der Artischocken knapp wegschneiden und grüne Stellen mit dem Sparschäler entfernen, Artischocken vierteln. Bei den Tomaten den Stielansatz ausstechen, je nach Größe vierteln oder achteln.

❖ Artischocken mit Knoblauch und Peperoncino im Olivenöl andünsten, mit wenig Weißwein ablöschen, Tomaten und Petersilie zugeben, 10–12 Minuten köcheln lassen. Oliven unterrühren, mit Zitronenschale und Pfeffer abrunden. Mit Olivenöl beträufeln.

Mahlzeit Mit Quinoa oder glutenfreier Pasta servieren.

Pak Choi mit Krevettenspiesschen

2–3 EL Olivenöl oder Kokosöl
300 g Pak Choi oder Cima di Rapa oder Catalogna oder Stielmangold
½–1 Peperoncino, je nach gewünschter Schärfe, in feinen Ringen
1 Prise Kurkuma
2–3 Knoblauchzehen, in feinen Scheiben
Salz
frisch gemahlener Pfeffer

Spiesschen

250 g Krevetten/Garnelen
½ Zitrone, Saft
½ TL Curry
Salz
frisch gemahlener Pfeffer
schwarze Sesamsamen oder Kokosrapsel

Kokosöl, zum Braten
evtl. wenig gehackter Koriander

❖ Krevetten auf Spießchen stecken, mit Zitronensaft, Curry, Salz und Pfeffer würzen. 15 Minuten marinieren.

❖ Beim Pak Choi Wurzelansatz abschneiden und das Gemüse in 15 mm breite Streifen schneiden. Olivenöl erhitzen, Pak Choi zugeben und bei mittlerer Hitze etwa 10 Minuten rührbraten, Peperoncino und Kurkuma kurz mitdünsten, Knoblauch zufügen, mit Salz und Pfeffer abschmecken.

❖ Krevetten mit Sesamsamen bestreuen. Im heißen Kokosöl etwa 5 Minuten braten.

Tipp Als Beilage zu Pak Choi passen auch Poulet-/Hähnchenbruststreifen.

Vegane Variante Krevettenspießchen durch Gemüsespießchen, Seite 126, oder gefüllte Champignons, Seite 94, ersetzen.

Lachs-Peperoni-Carpaccio

- 500 g rote oder gemischte Peperoni/Gemüsepaprika
- 250 g Bio-Lachs, Sushi-Qualität, in Scheiben
- Salz
- frisch gemahlener Pfeffer
- 1 Bio-Zitrone, Saft
- 4 EL Olivenöl
- Petersilie oder fein gehackter Stangensellerie
- 1 EL Pinienkerne

❖ Peperoni auf ein mit Backpapier belegtes Blech legen und im Backofen bei 220–230 °C backen, bis die Haut dunkel ist und sich löst. Das dauert rund 30 Minuten. Abkühlen lassen, Haut abziehen, Schoten halbieren und entkernen, Hälften halbieren oder vierteln.

❖ Peperoni und Lachs abwechselnd auf Teller legen. Mit Salz und Pfeffer würzen, mit Zitronensaft und Olivenöl beträufeln, mit Kräutern und Pinienkernen bestreuen.

Mahlzeit Mit einem Smoothie, Seite 40, ergänzen.

Vegane Variante Lachs durch Mangostreifen ersetzen. Pro Person zusätzlich 1 TL veganes Algenöl darüberträufeln.

Variante Die Zutaten fein würfeln, mit Salz und Pfeffer würzen und als Füllung für Zucchini oder als Belag für Bruschetta verwenden.

Toskanische weisse Bohnen

- 2 EL Olivenöl oder Kokosöl
- 1 kleine Zwiebel, klein gewürfelt
- 250 g gekochte große oder kleine weiße Bohnen, eventuell tiefgekühlt
- 250 g frische Tomaten oder Pelati aus dem Glas
- wenig Gemüsebrühe
- frisch gemahlener Pfeffer
- 1 Lorbeerblatt oder Rosmarinzweig

- Olivenöl, zum Braten
- ½ Bund Salbei, Blättchen abgezupft

❖ Frische Tomaten an der Spitze kreuzweise einschneiden, in einem Schaumlöffel in kochendes Wasser tauchen, bis sich die Haut löst. Unter kaltem Wasser abschrecken. Tomaten schälen, Stielansatz ausstechen, Tomaten vierteln.

❖ Zwiebeln im Olivenöl andünsten, weiße Bohnen, Tomaten und Lorbeerblatt zugeben, rund 20 Minuten köcheln lassen, je nach Konsistenz mit wenig Gemüsebrühe verdünnen. Mit Salz und Pfeffer würzen.

❖ Salbeiblättchen im Olivenöl knusprig braten. Als Garnitur verwenden.

Kartoffel-Zwiebel-Pizza mit Rosmarin

für 2 Kuchenbleche
von 18 cm Durchmesser

- Kokosöl
- 250 g mehligkochende Kartoffeln
- 1 große weiße oder rote Zwiebel
- 1 Rosmarin- oder Thymianzweiglein
- Salz
- frisch gemahlener Pfeffer
- wenig Chilischote oder einige feine Knoblauchscheiben
- Olivenöl

❖ Bleche mit Backpapier belegen und dieses mit Kokosöl einpinseln.

❖ Kartoffeln schälen und in feine Scheiben hobeln, kreisförmig in die Form legen. Zwiebel in feine Scheiben schneiden und darauf verteilen. Abgestreifte, fein gehackte Rosmarinnadeln oder abgezupfte Thymianblättchen darüberstreuen. Mit Salz, Pfeffer, Chili oder Knoblauch würzen. Mit Olivenöl beträufeln.

❖ Kartoffel-Zwiebel-Pizzas im vorgeheizten Ofen bei 220 °C rund 15 Minuten knusprig backen.

Tipps Einige fein geschnittene Sardellenfilets 5 Minuten vor Ende der Backzeit über die Pizzas streuen. Mit einem Salat servieren.

Sojasprossen-Spinat-Pfanne mit Kokos-Lachs

1 EL Kokosöl oder Olivenöl
250 g Sojasprossen
1 Prise Kurkuma oder mittelscharfer Curry
evtl. wenig Chilischote, fein geschnitten
125 g junger Blattspinat
Salz oder Sojasauce

300 g Bio-Zuchtlachs
Salz
frisch gemahlener Pfeffer
1 EL Kokosflocken
Kokosöl, zum Braten

½ Bio-Zitrone, in Schnitzen

❖ Sojasprossen im Kokosöl andünsten, mit Kurkuma würzen, nach Belieben etwas Chili dazugeben, Spinat zugeben und rühren, bis er zusammengefallen ist. Mit Salz abschmecken.

❖ Lachs mit Salz und Pfeffer würzen, mit Kokosflocken bestreuen. Im Kokosöl beidseitig je knapp 5 Minuten braten. Zum Gemüse servieren.

Varianten Lachs durch Poulet-/Hähnchenbruststreifen ersetzen. Für eine vegane Mahlzeit 100 g gekochte Linsen unter das Gemüse mischen.

Mediterrane Pouletspiesschen

- 250 g Poulet-/Hähnchenbrust, gewürfelt
- 1 rote Zwiebel, geviertelt
- 4–8 Cherrytomaten
- 1 gelbe Peperoni/ Gemüsepaprika
- Salz
- frisch gemahlener Pfeffer
- Kurkuma, nach Belieben
- Senf
- frische Lorbeerblätter, zum Mitbraten

- Kokosöl, zum Braten

❖ Peperoni halbieren, Stielansatz mit Kernen und weiße Rippen entfernen, Schotenhälften in Vierecke schneiden.

❖ Pouletfleisch, Zwiebeln, Cherrytomaten und Peperoni auf vier kleine Spießchen stecken. Würzen, mit wenig Senf einreiben. Spießchen auf ein mit Backpapier belegtes Blech legen, mit Kokosöl beträufeln. Lorbeerblätter dazulegen.

❖ Spießchen im vorgeheizten Ofen bei 220 °C 12–15 Minuten braten. Das Pouletfleisch muss durchgegart sein (Salmonellengefahr).

Variante Poulet-/Hähnchenbrust durch Lachs oder für eine vegane Mahlzeit durch zusätzliches Gemüse (Zucchini, Auberginen) ersetzen.

Ofengemüse mit aglio e olio e peperoncino

- 2 große Karotten
- 2 Pastinaken oder rohe Randen/ Rote Beten oder Süßkartoffeln, 400–450 g
- 2 EL Kokosöl
- Kräutersalz
- 2–3 Thymianzweiglein, Blättchen abgezupft

Sauce

- 2 Knoblauchzehen
- 1 Bund glattblättrige Petersilie
- je ½ roter und gelber Peperoncino
- 4–5 EL Olivenöl

❖ Gemüse ungeschält längs halbieren oder vierteln und auf ein mit Backpapier belegtes Blech verteilen, mit Kokosöl, Salz und Thymian würzen.

❖ Gemüse im vorgeheizten Ofen bei 220 °C 20–30 Minuten backen, bis es gar, aber noch knackig ist.

❖ Für die Sauce Petersilie von den Stielen zupfen, Knoblauch schälen und Peperoncino entkernen. Im Cutter, im Hacki oder mit einem großen Küchenmesser fein hacken, mit Olivenöl mischen und mit Salz abschmecken.

Tipps Ein ideales Abendessen oder kalt zum Mitnehmen. Nach Belieben mit Fisch oder Poulet/Hähnchen oder mit gekochten Hülsenfrüchten kombinieren, je nach Appetit.

Mahlzeit Je nach Appetit einen Salat mit Sardellen oder geräuchertem Fisch oder Krevetten/Garnelen anreichern. Für Veganer eignen sich gegarte weiße Bohnen.

Linsen-Tomaten-Pfanne mit Spinat

- 120 g Tellerlinsen
- 4 dl/400 ml Wasser
- 2 EL Kokosöl oder Sesamöl
- 200–250 g Cherrytomaten, halbiert
- wenig Peperoncino, in Streifchen, nach Belieben
- 150 g junger Blattspinat oder Winterspinat oder Lauch
- Ingwer, geschält, fein gerieben, nach Belieben
- ¼ TL Kurkuma
- Dukkah (orientalische Gewürzmischung aus Haselnüssen, Mandeln, Pistazien, weißen Sesamsamen, Koriander, Meersalz, Kreuzkümmel)

❖ Linsen über Nacht im Wasser einweichen. Am nächsten Tag im Einweichwasser weich kochen; das dauert 25 bis 30 Minuten. Die Kochzeit hängt von der Wasserhärte ab. Erst am Schluss salzen.

❖ Kokosöl erhitzen, Tomaten und Peperoncino zugeben und Kurkuma darüberstreuen, kurz dünsten, Linsen und Spinat zugeben und zusammenfallen lassen, mit Dukkah würzen.

Variante Linsen durch Kichererbsen (aus Glas oder Dose) ersetzen.

Fischfilet mit weissen Bohnen und Tomaten

1 EL Kokosöl oder Olivenöl, zum Braten

2 Fischfilets, je 120 g, z. B. Wolfbarsch, Bio-Lachs, Scholle, Felchen, Hering
Salz
frisch gemahlener Pfeffer
1 Bio-Zitrone, Zesten
fein gehackter Thymian oder abgezupfte Thymianblättchen

250 g Cherrytomaten, halbiert
240 g gekochte Saubohnen oder kleine weiße Bohnen oder Linsen
1 TL Thymianblättchen
einige eingelegte rote Pfefferkörner

❖ Fischfilets mit Salz, Pfeffer, Zitronenzesten und Thymian würzen.

❖ Kokosöl erhitzen, Fischfilets auf beiden Seiten kurz braten, warm halten.

❖ Cherrytomaten in einer zweiten Pfanne in wenig Olivenöl schwenken, Bohnen zugeben, mit Salz, Pfeffer, Thymian und rotem Pfeffer würzen.

❖ Cherrytomaten-Bohnen-Gemüse mit Fischfilet anrichten.

Tipp Tomaten-Bohnen-Gemüse solo servieren.

Buchweizenpuffer

2 Portionen gekochter Buchweizen, Seite 126, oder Hirse oder Quinoa
1 kleiner Zucchino
2 Freilandeier

frisch gemahlener Pfeffer
Salz
Thymian oder Rosmarin, fein gehackt
1 Bio-Zitrone, einige Zesten

Kokosöl, zum Braten

Olivenöl oder Kokosöl
1 Zucchino, in feinen Scheiben
gehackter Thymian

❖ Buchweizen in eine Schüssel geben, Zucchino auf der Bircherreibe dazureiben, Eier unterrühren, würzen.

❖ In einer Bratpfanne Kokosöl erhitzen, Buchweizenmasse mit einem Schöpflöffel portionieren, in die Pfanne geben und beidseitig braten. Warm halten.

❖ Zucchinischeiben mit Thymian im Olivenöl in der Bratpfanne kurz dünsten, mit Buchweizenpuffern anrichten.

Variante Mit Gemüse nach Wahl oder Salat servieren. Die Puffer schmecken auch kalt sehr gut.

Gemüsespiesschen mit Buchweizen

Buchweizen

- 100 g Buchweizen oder Hirse
- 2 dl/200 ml Gemüsebrühe
- 1 Prise Kurkuma
- ½–1 TL fein gehackter Thymian oder Rosmarin oder Majoran
- 2–3 in Olivenöl eingelegte Dörrtomaten, fein gehackt
- 1 Bio-Zitrone, wenig abgeriebene Schale
- Salz
- frisch gemahlener Pfeffer

Gemüsespiesschen

- 300 g gemischtes Gemüse (auch Reste), z. B. Peperoni/Gemüsepaprika, Zucchino, Pilze, Kürbis, Cherrytomaten
- Zitronenstückchen
- frische Lorbeerblätter, nach Belieben
- Salz
- frisch gemahlener Pfeffer
- Dukkah-Gewürz, Seite 120
- wenig Senf
- Kokosöl

❖ Buchweizen mit Gemüsebrühe, Kurkuma und Kräutern aufkochen, 5–8 Minuten köcheln lassen. Auf der ausgeschalteten Wärmequelle zugedeckt ausquellen lassen. Dörrtomaten unterrühren, mit Zitronenschale, Salz und Pfeffer abschmecken.

❖ Gemüse und Pilze in mundgerechte Stücke schneiden. Cherrytomaten ganz lassen. Alle Zutaten auf Holzspießchen stecken und individuell würzen, zum Schluss mit Kokosöl einreiben (von Hand). In eine Gratinform legen. Gemüsespießchen im vorgeheizten Ofen bei 220 °C 15 Minuten backen, bis das Gemüse gar ist. Es können auch 20 Minuten sein, je nach gewünschtem Biss.

Tipp Der Buchweizen eignet sich auch zum Füllen von Wirz/Wirsing.

Lauch-Zucchini-Gemüse mit Fleischspiesschen

- 1 EL Kokosöl oder Sesamöl
- 1 kleine rote Zwiebel, fein gewürfelt
- 1 mittelgroßer Lauch
- 1 Zucchino
- ½ TL Curry
- evtl. wenig Kurkuma
- wenig Peperoncino, fein gewürfelt, nach Belieben
- ½ dl/150 ml Gemüsebrühe
- Salz

- 2 EL geröstete Cashewkerne mit Curry
- Koriander

Fleischspiesschen

- 200 g feine Rindfleischscheiben, zum Grillen
- 1 große rote Zwiebel
- 1 Bio-Zitrone
- Salz

- Paprikapulver
- frisch gemahlener Pfeffer

❖ Für die Spießchen die Zwiebel in 6 Spalten schneiden. Zitrone längs vierteln und entkernen und quer in Stücke schneiden. Rindfleischscheiben aufrollen und mit Zwiebel und Zitrone auf Spießchen stecken. Mit Salz, Paprika und Pfeffer würzen.

❖ Lauch längs halbieren, in 1 cm breite Streifen schneiden. Zucchino beidseitig kappen und in Würfel schneiden.

❖ Zwiebeln im Kokosöl andünsten, Lauch und Zucchini kurz mitdünsten, Curry, Kurkuma und Peperoncino mitdünsten, mit Gemüsebrühe ablöschen, kurz köcheln lassen. Mit Salz abschmecken. Mit Cashewkernen und Koriander garnieren.

❖ Spießchen auf dem Grill grillen.

Vegane Mahlzeit Fleischspießchen durch Hülsenfrüchte oder im Bierteig gebackene Pilze ersetzen.

Beeren in Gewürz-Rotwein

- 200 g gemischte Beeren, z. B. Himbeeren, Heidelbeeren, Johannisbeeren, Blaubeeren
- 1½ dl/150 ml fruchtiger Rotwein
- 1 EL Reissirup oder Birkenzucker
- ½ Zimtstange
- 1 Bio-Orange, wenig abgeriebene Schale oder
- 1 bis 2 Orangenschnitze mit Schale

❖ Rotwein mit Reissirup und Zimtstange 5 Minuten kochen, Orangenschale oder Schnitze zugeben, warm über Beeren gießen. Einige Stunden stehen lassen.

❖ Zimt und Orangenschnitze entfernen. Anrichten.

Variante Für dieses Rezept eignen sich auch Erdbeeren und Orangen. Das ist eine mediterrane Art, Früchte zu genießen.

Nuss-Dattel-Truffes

- 100 g Haselnüsse oder Baum-/Walnüsse oder Mandeln oder gemischte Nüsse
- 50 g Bio-Datteln, entsteint
- 1 Bio-Orange, abgeriebene Schale, oder Vanille- oder Zimtpulver, nach Belieben
- 1 EL Bio-Kokosöl

- Kakaopulver oder fein geriebene dunkle Schokolade (70 % Kakaoanteil), zum Wenden

❖ Alle Zutaten im Cutter zu einer feinen Masse hacken, und zwar so lange, bis aus der Masse Bällchen geformt werden können.

❖ Nussmasse mit einem kleinen Glacelöffel portionieren und im Kakao oder in der Schokolade wenden.

Tipp Die Truffes enthalten wenig Zucker und machen satt.

Haltbarkeit Die Truffes können im Kühlschrank einige Tage aufbewahrt werden.

Kokos-Truffes

- 2 EL Reissirup oder Agavendicksaft
- 2 EL Bio-Kokosöl

- Kokosflocken oder Kakaopulver, zum Wenden

❖ Alle Zutaten im Cutter zu einer feinen Masse hacken, und zwar so lange, bis aus der Masse Bällchen geformt werden können.

❖ Kokosmasse mit einem kleinen Glacelöffel portionieren, in Kokosflocken oder im Kakaopulver wenden.

Tipp Die Truffes enthalten wenig Zucker und machen satt.

Haltbarkeit Die Truffes können im Kühlschrank einige Tage aufbewahrt werden.

Bratapfel

2 mittelgroße Äpfel, vorzugsweise Boskop

Füllung

40 g Hasel- oder Baum-/Walnüsse

40 g entsteinte Datteln

1 Bio-Orange oder -Zitrone, wenig abgeriebene Schale

Zimt- oder Vanillepulver

1 Prise Kardamom

1 TL Kokosöl

Kokosöl, zum Beträufeln

Kokosrahm/-sahne

❖ Bei den Äpfeln auf der Fliegenseite mit Kugelausstecher einen Deckel abstecken, Kerngehäuse ebenfalls ausstechen. In eine Gratinform stellen.

❖ Für die Füllung Nüsse und Datteln hacken, übrige Zutaten unterrühren und in die Äpfel füllen. Deckel aufsetzen. Mit Kokosöl beträufeln.

❖ Äpfel im vorgeheizten Backofen bei 220 °C 30–40 Minuten backen.

Tipp Zum Bratapfel eine Kokoscreme servieren. Dazu Kokosmilch, Vanillepulver und Agavendicksaft unter Rühren aufkochen. Auch Haferrahm/-sahne passt dazu.

Register

A
Agavendicksaft 134
Algenöl 17, 20
Alkohol 21
Aminosäure, Homocystein 20, 21
Apfel 40, 72, 136
Artischocke 52, 104
Aubergine 60, 98
Avocado 54, 78, 80

B
Baumnuss 50, 134, 136
Basilikum 46, 56, 80, 86, 96, 100
Bewegung 16
Beziehungen, soziale 16
Birkenzucker 132
Blaubeeren 132
Bohne, weiße, getrocknete 46, 56, 110, 122
Bohnenkraut 46
Brot 50
Brüsseler Endivie 54, 78
Buchweizen 124, 126

C
Catalogna 106
Chiasamen 33, 36
Chicorée 54, 78
Cicorino rosso 82
Cima di Rapa 92, 106
Creme, Kokos- 136,

D
Dattel 134, 136
Demenztypen 14

E
Ei 32, 124
Eiweißablagerung, Gehirn 24
Entzündungsreaktion 18
Erdbeere 72
Ernährung 15, 16, 17, 28
Ernährung, mediterrane 19
Ernährung, mitteleuropäische 18
Essenszeiten 19

F
Fasten 19
Fenchel 72, 74
Fertignahrung 18
Fisch, Meer-, fett 17, 20, 23, 28
Fett, tierisches 18
Fisch 46, 50, 54, 56, 60, 76, 92, 100, 102, 108, 114, 116, 118, 122
Fischöl 20
Fleisch, Poulet- 100, 106, 114, 116, 118
Fleisch, Rind- 128
Flocken, Getreide- 34
Flocken, Kokos- 34
Folsäure 22

G
Garnele 106, 118
Gemüsepaprika 42, 46, 60, 96, 98, 108, 116, 126
Granatapfel 36, 78
Guter Heinrich 88

H
Haferwurzel 98
Haselnuss 34, 134, 136
Heidelbeere 34, 132
Himbeere 34, 132
Hippocampus 15 ff.
Hirnschwund 22, 23
Hirse 124, 126
Homocystein 20, 21, 22, 25
Hummus, Bohnen-Tomaten 46

I
Ingwer 38, 62, 66, 120

J
Johannisbeeren 34, 132

K
Kabis 50
Kakaopulver 134
Kaki 82
Kapern 44, 54, 56
Karotte 64, 98, 118
Kartoffel 112
Kerne, Cashew- 72, 78, 98, 128
Kerne, Kürbis- 72
Kerne, Pinien- 72, 82, 100, 108
Kerne, Pistazien 82
Kicherbse 48, 120
Knoblauch 44, 46
Koffein 21
Kohl 32
Kohlrabi 72
Kokosöl 18
Kokosöl 32
Kokosraspel/-flocken 36, 106, 114, 134
Koriander 98, 128
Krevette 106, 118
Kürbis 66, 72, 90, 98, 100, 126

L

Lauch 100, 120, 128
Lebensweise 15
Leinsamen 34
Linsen 62, 98, 102, 114, 120, 122

M

Mangold, Stiel- 106, 52
Mayonnaise 52
Mandel 34, 134
Mango 36, 38, 108
Meerrettich 54, 64, 74, 76, 78
Mehl, Kichererbsen 48
Milch, Hafer- 34
Milch, Kokos- 34, 36, 38, 62, 66
Milchprodukte 18
Minze 36

N

Nahrungsmittel 18
Nahrungsmittel, Bio- 19
Nervenzellen, Produktion 15, 18

O

Olive 44, 56, 80, 100, 104
Öl, pflanzliches 18
Omega-3-Fettsäuren 17, 18, 20, 23, 24, 25
Omega-6-Fettsäuren 18
Orange 66, 102. 132, 134, 136

P

Pak Choi 106
Papaya 34
Pasta 86
Pastinake 98, 118
Peperoni 42, 46, 60, 96, 98, 108, 116, 126
Peperoncino 60, 92, 102, 104, 106, 118, 120, 128
Persimona 72, 82
Petersilie 34, 44, 48, 54, 60, 64, 68, 72, 80, 82, 90, 94, 98, 104, 118
Pflanzenstoffe, sekundäre 28
Pilze 46, 86, 94, 100, 126
Portulak 74, 76
Puffer 124
Püree, Kürbis-Süßkartoffel- 90

Q

Quinoa 104, 124

R

Rahm, Hafer- 136
Rahm, Kokos- 136
Rande 38, 64, 72, 76, 118
Rauchen 21
Reissirup 32, 34, 132, 134
Rosmarin 68, 94, 110, 112, 124
Rote Bete 38, 64, 72, 76, 118

S

Sahne, Hafer- 136
Sahne, Kokos- 136
Salbei 86, 110
Sauce, Mayonnaise 50
Sellerie, Stangen- 40, 50, 108
Sellerie, Stauden- 40, 50, 108
Sesamsamen 62, 106
Sonne 21
Spargel 72
Spinat 74, 86, 114, 120
Sprossen 114
Süßkartoffel 64, 90, 118

Sch

Schadstoffe 17
Schlaf 16
Schokolade 134

St

Stachy 98

T

Tapenade 56, 96
Teig, Ausback- 48
Thymian 60, 68, 94, 102, 112, 118, 122, 124
Tomate 60, 80, 86, 104, 110, 116, 120, 122, 126
Tomate, Dörr- 44, 46, 98, 100, 126
Transfettsäuren 18
Truffes 134

V

Vitalstoffmangel 17
Vitamin B 20, 21, 22, 25
Vitamin B_{12} 17, 22, 23
Vitamin D, 17, 20
Vogelmiere 86

W

Walnuss 50, 134, 136
Wirsing 72, 126
Wirz 72, 126

Z

Zitronengras 66
Zivilisationskrankheiten 16
Zucchino 44, 60, 72, 82, 94, 96, 98, 108, 124, 126, 128
Zucker 19
Zwiebel 68, 112, 128

Literaturverzeichnis

1 Nehls, M.: Die Alzheimer-Lüge – Die Wahrheit über eine vermeidbare Krankheit. Heyne 2014

2 Nehls, M.: Alzheimer ist heilbar – Rechtzeitig zurück in ein gesundes Leben. Heyne 2015; Bredesen, DE et al.: Reversal of cognitive decline in Alzheimer's disease. Aging 2016; 8:1250–1258

3 Lahdenperä, M.: Fitness benefits of prolonged post-reproductive lifespan in women. Nature 2004; 428:178–181

4 Alzheimer, A.: Über einen eigenartigen schweren Erkrankungsprozess der Hirnrinde. Neurol Central 1906; 25:1134.

5 Boyd, W.: A Textbook of Pathology: An Introduction to Medicine, Lea and Febiger 1938

6 Spalding, KL. et al.: Dynamics of hippocampal neurogenesis in adult humans. Cell 2013; 153:1219–1227

7 www.jung-diagnostics.de/deu/ardx.php

8 Nehls, M.: Unified theory of Alzheimer's disease (UTAD): implications for prevention and curative therapy. J Mol Psychiatry 2016; www.ncbi.nlm.nih.gov/pubmed/27429752; Nehls, M.: Alzheimer ist heilbar – Rechtzeitig zurück in ein gesundes Leben. Heyne 2015

9 Grant, WB: Trends in diet and Alzheimer's disease during the nutrition transition in Japan and developing countries. J Alzheimers Dis 2014; 38:611–620

10 Gu, Y. et al.: Food combination and Alzheimer disease risk: a protective diet. Arch Neurol 2010; 67:699–706;
Laake, I. et al.: A prospective study of intake of trans-fatty acids from ruminant fat, partially hydrogenated vegetable oils, and marine oils and mortality from CVD. Br J Nutr 2012; 108:743–754

11 Gu, Y et al.: Mediterranean diet and brain structure in a multiethnic elderly cohort. Neurology 2015; 85:1744–1751

12 Mosconi, L. et al.: Mediterranean diet and magnetic resonance imaging-assessed brain atrophy in cognitively normal individuals at risk for Alzheimer's disease. J Prev Alzheimers Dis. 2014; 1:23–32.

Bücher der Autoren zum Weiterlesen

Michael Nehls

Die Alzheimer-Lüge

Die Wahrheit über eine vermeidbare Krankheit

Alzheimer ist kein Schicksal

Ist Alzheimer tatsächlich eine unvermeidliche Alterserscheinung, wie es immer heißt? Nein, sagt der Mediziner und Molekulargenetiker. Es handelt sich vielmehr um eine Mangelerkrankung – diese lässt sich zwar nicht medikamentös therapieren, aber vermeiden. Ursachen für Alzheimer sind zu wenig Schlaf, zu wenig Bewegung, ungesunde Ernährung und fehlende menschliche Wärme, kurz: unser heutiger Lebensstil. Eine bahnbrechende Erkenntnis – fundiert, informativ und aufrüttelnd! Mit vielen konkreten Tipps und Ratschlägen.

ISBN 978-3-453-60418-6

Michael Nehls

Alzheimer ist heilbar

Rechtzeitig zurück in ein gesundes Leben

Alzheimer von Grund auf therapieren!

Alzheimer – eine zutiefst schockierende Diagnose, denn die Krankheit gilt als unheilbar, weil man die wahren Ursachen nicht zu kennen glaubt. Doch der Autor legt überzeugend dar, dass Alzheimer durch eine Lebensweise verursacht wird, die unsere natürlichen Bedürfnisse ignoriert – und daran etwas zu ändern, hat jeder selbst in der Hand. Mit Dr. Nehls' ganzheitlichem Ansatz, der sowohl körperliche als auch psychosoziale Aspekte umfasst, kann man sich effektiv vor Alzheimer schützen und die Krankheit im frühen Stadium sogar besiegen. Mit konkreten Ratschlägen zur Vorbeugung und Heilung.

ISBN 978-3-453-20100-2

Volker Schmiedel

Omega-3-Fettsäuren

Die Quellen für eine gute Versorgung und robuste Gesundheit

Erscheint im Herbst 2017 im Fona Verlag

Omega-3-Fettsäuren kann der Organismus nicht selber bilden, sie müssen von außen zugeführt werden. Weil sie essentiell sind und in nur wenigen Lebensmitteln (Meerfisch, bestimmte Öle) natürlicherweise vorkommen, braucht es für eine gute Versorgung meist ergänzende Präparate.

Omega-3-Fettsäuren wirken präventiv im Falle von Herzkrankheiten, Rheuma, Krebs, Demenz... Sie beeinflussen zudem eine bereits bestehende Krankheit positiv. So können etwa Entzündungs- und Blutfettwerte verbessert, Blutdruck und Erschöpfung verringert werden. Auch psychische Krankheiten, Multiple Sklerose und scheinbar normale Konzentrationsstörungen können mit einem Mangel an Omega-3 zu tun haben.

ISBN 978-3-03780-627-2